図解でわかる
一点集中のすごいコツ

最強の時短仕事術

碓井孝介
Kosuke Usui

CCCメディアハウス

はじめに——もう「一つ」に集中するしかない

「マルチタスク」に騙されてはいけない

結論から述べます。

同時並行で複数のタスクをこなす**「マルチタスク」は幻想**です。複数の事柄を同時に考えることすらできないのですから、「マルチタスク」など存在しないのです。

そして、そもそも無理な**「マルチタスク」を用いてタスクを処理しようとするから、なかなかタスクが終わりません。「マルチタスク」で取り組もうとするから、終わったと思っても成果が出ません。**

話をはじめに戻します。

現代人は、じつに多くの「タスク」を抱えているものです。たとえば仕事一つをとってみても、会議、事務処理、メール返信、電話連絡、商談、資料作成、夜のおつきあいなど、数えきれないほどのタスクがあります。

そして、**時間を割いてそれらに対処しているはずなのに、なぜか、どのタスクもなかなか終わらない。**終わったと思っても、**満足な成果が出ない……。**

このような状況で**現代人が飛びつくのが「マルチタスク」**です。「マルチタスク」で日々のタスクをこなすのが、優れたビジネスパーソンだと思ってしまうのです。

あなたの周りの「デキる人」の存在が、これに拍車をかけます。実際は違うのに、デキる人はみなタスクを同時にこなす「マルチタスカー」のように見えてしまいます。複数のタスクを瞬時にこなす姿を見て、そう思ってしまうのも無理はありません。

身近な「マルチタスカー」に魅了された現代人は、**「マルチタスクの罠」**にはまります。「マルチタスクの罠」とは、意識的にかどうかは別にして、同時並行で複数のタスクを処理しようとする現代人の心理です。電話などで話をしながら、それとは無関係のメールや書類に目がいくことも「マルチタスクの罠」だと言えます。

「マルチタスク」ではなく、「ワンタスク」

話は変わるようですが、私は複数の分野にまたがる複数の仕事をこなしています。本業は士業事務所を経営し、日々の仕事に追われています。それ以外にも、本や雑誌の執筆、さらには小さな会社の経営もしています。執筆は、この本のように広く一般の方が読む分野の本だけではなく、専門家として、法律分野の本も執筆しています。また、資格試験の合格を目指す方のために、以前は資格スクールで講師もしていましたし、今でもその関連の講演会などをさせていただくことが多々あります。これらをすべて、「同時に」しているのが私の働き方なのです。

よく言われることは、「まったく異なる分野の仕事を同時にできるのだから、碓井はマルチタスカーに違いない」ということ。一つの仕事であってもその中身は複数のタスクで構成されているのですから、仕事自体が複数となると、タスクはその分だけ増えます。私が「マルチタスカー」だと思われても、仕方がありません。

しかし、私は「マルチタスカー」ではありません。むしろまったく正反対の**「ワンタスク戦略」に基づいて、日々のタスクに一つひとつ取り組むいわば「ワンタスカー」**なのです。

私だって、タスクに追われる日々であることから、「マルチタスク」に憧れ、その真似事をしたことがありました。先ほどもふれたように、電話をしながらメールや書類に目を通す、人前で話しているときに次の仕事の段取りを考えるなどなど……。

結果は想像できるでしょう。電話での話の内容には集中できず、話している相手からは不信を買います。人前で話しているときに、次の仕事のことを考えるのは最悪で、考えているうちに自分が今、どこまで話したのかを忘れて、再度聞いてしまうこともありました。これらは「マルチタスクの罠」によるものであり、私の汚点です。

このように、「マルチタスク」を実践しようにもそれは無理な話であり、効率はむしろ下がります。実体験を通して、これを痛感したのは私だけではないはずです。

「忙しいだけで何も終わらない・成果が出ない」に終止符を

ここで、提案です。

タスク処理の発想と方法を変えましょう。**複数のタスクを同時並行でこなすのではなく、一つひとつの事柄に集中して着実に処理する**のです。目の前の一つのタスクに集中してそれが終わったら、次のタスクに集中する。そのタスクも処理できたら、また次のタスクに集中して取り組む。このように、日々の作業を「一つずつ」処理するのです。

一つずつ集中してタスクに取り組むことが、「確実な成果」を生み出します。また、目の前のタスクに取り組む際に「ワンタスク戦略」を用いることで、結果として効率的にタスクをこなすことができるようになります。

私はこの戦略を用い、日々の仕事に取り組んだ結果、仕事の成果と効率がグンと上がりました。士業事務所の仕事は定時には終わるようになり、本や雑誌の原稿の締め切りに泣かされることもありません。人前で話すときも、事前準備に膨大な時間を割かずとも、しっかり話せるようにもなりました。

これらは「今」に集中し、処理するべきタスクが一つだと認識しているからこそできることです。まさに、「ワンタスク」の賜物《たまもの》なのです。

本書では、普段のタスク処理を効率化して成果を上げる**「ワンタスク戦略」とそれを加速する工夫**を余すところなくご紹介します。やらなければいけないことがたくさんあろうとも、**「ワンタスク」の発想に基づき、一つずつ処理していけば、確実にタスクを処理することができ、さらには各タスク処理のスピードだって上がる**のです。

ワンタスクの発想で、これまでの状況を打開するのです。

「忙しいだけで何も終わらない・成果が出ない」という日常に、終止符を打ちましょう。

令和2年3月

碓井孝介

第4章
一点集中を邪魔させない

Task Rule

第5章
「ワンタスク戦略」を加速する

Task Rule

装丁　竹内淳子（株式会社　新藤慶昌堂）
本文デザイン　横須賀 拓
校正　株式会社　文字工房燦光
著者エージェント
株式会社　アップルシード・エージェンシー
（www.appleseed.co.jp）

第1章

「一つに集中する」これだけが結果を出す唯一の方法

1 「マルチタスク」の正体

◆あふれんばかりのタスク

仕事や家事に忙しい現代人は、いくつものタスクを抱えているものです。ビジネスの現場では、プロジェクトの打ち合わせ、報告書や資料の作成、取引先への連絡など、挙げたらきりがありません。もちろん仕事だけではなく、家事や育児などに追われている人もたくさんいるでしょう。

これらのタスクを、私たち現代人は適切にこなさなければいけません。**いくつものタスクをこなすことは、もはや「現代人の義務」**なのです。

そんな世の中で、よく耳にするのが「マルチタスク」です。「マルチタスク」の一般的な定義を改めて確認すると、「複数の作業（タスク）に同時並行で取り組むこと」、そして広義にはその能力のことを意味します。

◆「マルチタスク」はそもそも無理

「マルチタスク」を用いれば、なんと複数のタスクを同時にこなすことができて、効率的にタスク処理を進めることができる。このように思っている人は、たくさんいるようです。

しかし、はっきりさせるべきことがあります。それは、**「マルチタスク」で効率的に成果を出すことは、本来できない**ということ。「マルチタスク」で仕事などのタスクに取り組んでも、それによってたくさんの「中途半端な成果物」が生まれるだけであり、むしろ害さえあるのです。

「はじめに」で言及した私の昔の話で、「人前で話しているときに、次の仕事の段取りを考えて、自分がどこまで話していたのか忘れてしまった」というエピソードなど、その典型でしょう。

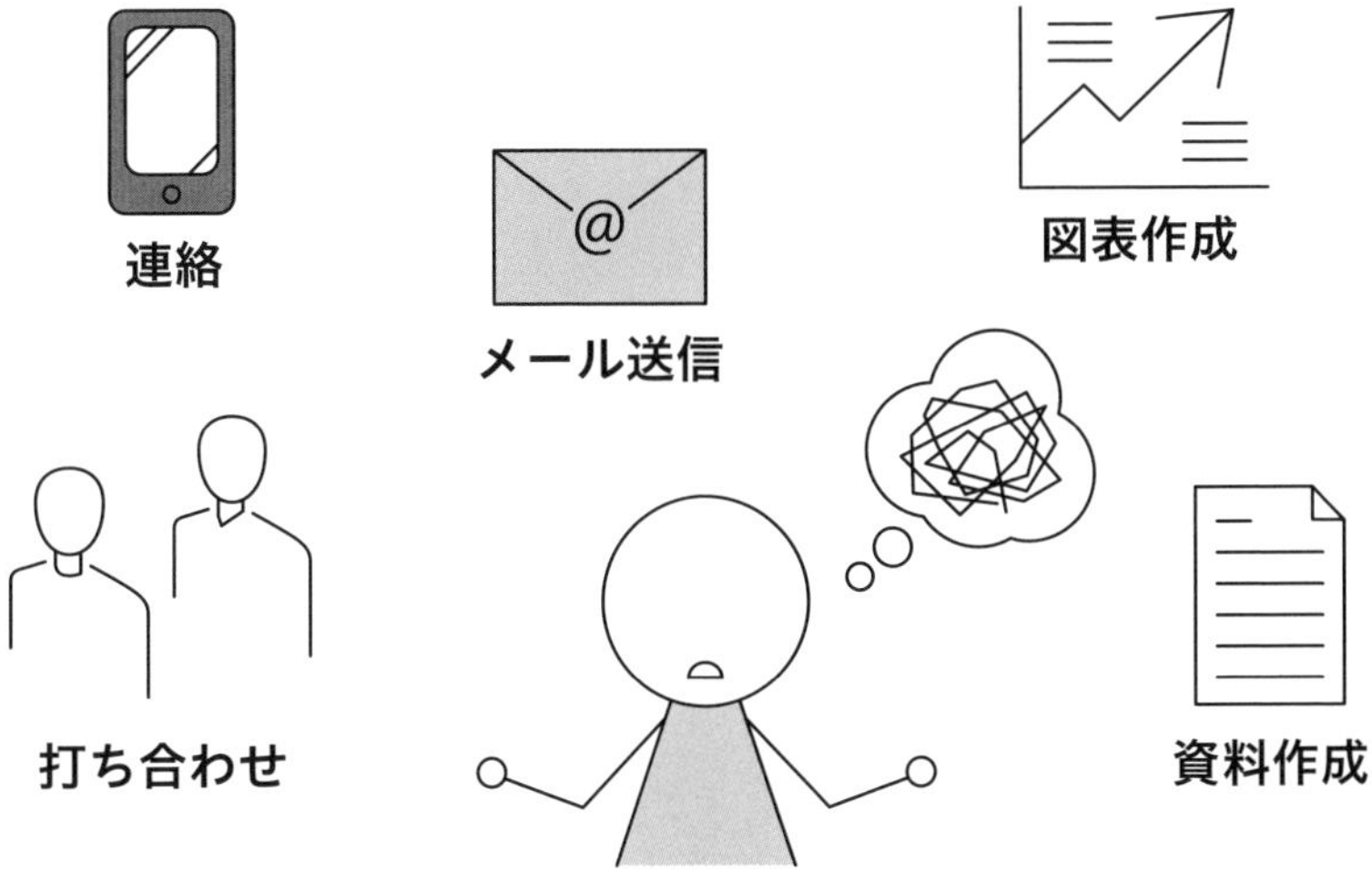
連絡
メール送信
図表作成
打ち合わせ
資料作成

「マルチタスク」は幻想

◆「マルチタスク」を確かめる

「マルチタスク」は可能であり、成果をもたらすものだと信じている人もいるでしょう。ここでごくごく簡単な例を出して、「マルチタスク」が可能かどうかを確認します。

では、この本を読みながら、ほんの5分間、テレビやＹｏｕＴｕｂｅなどをつけて、出演者が話している内容を聞いてください。本を読むときに使うのは目であり、話を聞くのは耳。「マルチタスク」が可能であれば、本とテレビ（ＹｏｕＴｕｂｅ）の内容の両方が頭に入るはず。そして5分ほど経ったら、それらの内容を思い出してください。

こんな簡単な例でも、記憶は断片的であり、その記憶は「中途半端な成果物」だとわかります。もしこれが「仕事」というビジネスパーソンにとっての戦場ならば、**「マルチタスク」はあなたの仕事の質を下げ、評価までをも下げる**のです。

◆「中途半端な成果物」だけ

ほしいのは、「結果につながる成果物」であり、「中途半端な成果物」ではないはずです。

しかし、複数のタスクに「マルチタスク」で取り組もうとすると、「中途半端な成果物」しか生まれません。これは「マルチタスク」の性質上、言い切れることであって、例外はないのです。

「マルチタスク＝中途半端な成果物だけが生まれる」という事実を理解するには「マルチタスク」の正体を明らかにする必要があります。繰り返しになりますが、中途半端な成果物は「マルチタスク」の性質上もたらされるものだからです。

「マルチタスク」の正体、それは思考・意識を向ける対象を単に連続で変えるだけだと言えます。同時に違う事柄を考えること自体が無理なのですから、世間で言われている「マルチタスク（同時並行での処理）」は、そもそも不可能なのです。

◆「話、聞いている？」と言われるのも当然

たとえば、電話中に別の書類に目を通そうとすることがあるでしょう。これを可能にするのが「マルチタスク」のはずですが、現実には会話の内容が頭に入らずに、電話の相手から「話、聞いている？」と言われることがあるのです。

「マルチタスク」で複数のタスク（電話と書類の確認）を同時にこなそうとしても、それは思考と意識を瞬時に切り替えることにすぎません。会話に向けていた意識を、（多くの場合）相手が話しているときにだけ、書類に向けるのです。その結果、「話、聞いている？」につながるのです。

このように、**思考・意識を連続で切り替えることは、会話や書類内容の理解といった各タスクに「まだら」の状態で取り組むことにつながります。**まだら状の「中途半端な成果物」だけが残ることは、当然の結果なのです。

電話をする／書類に目を通す

マルチタスク

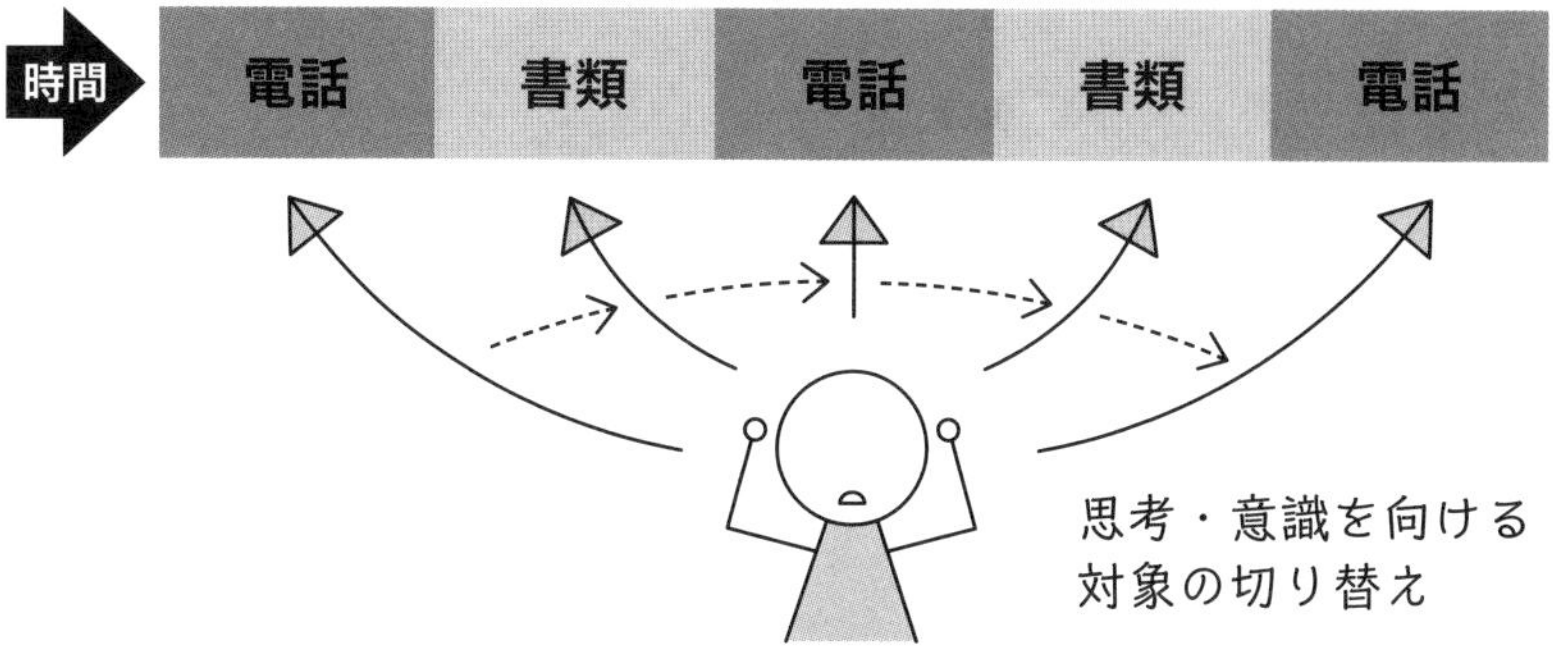

- 「電話」のときは、書類の内容が頭に入らない
- 「書類」のときは、話を聞くことができない

ワンタスク

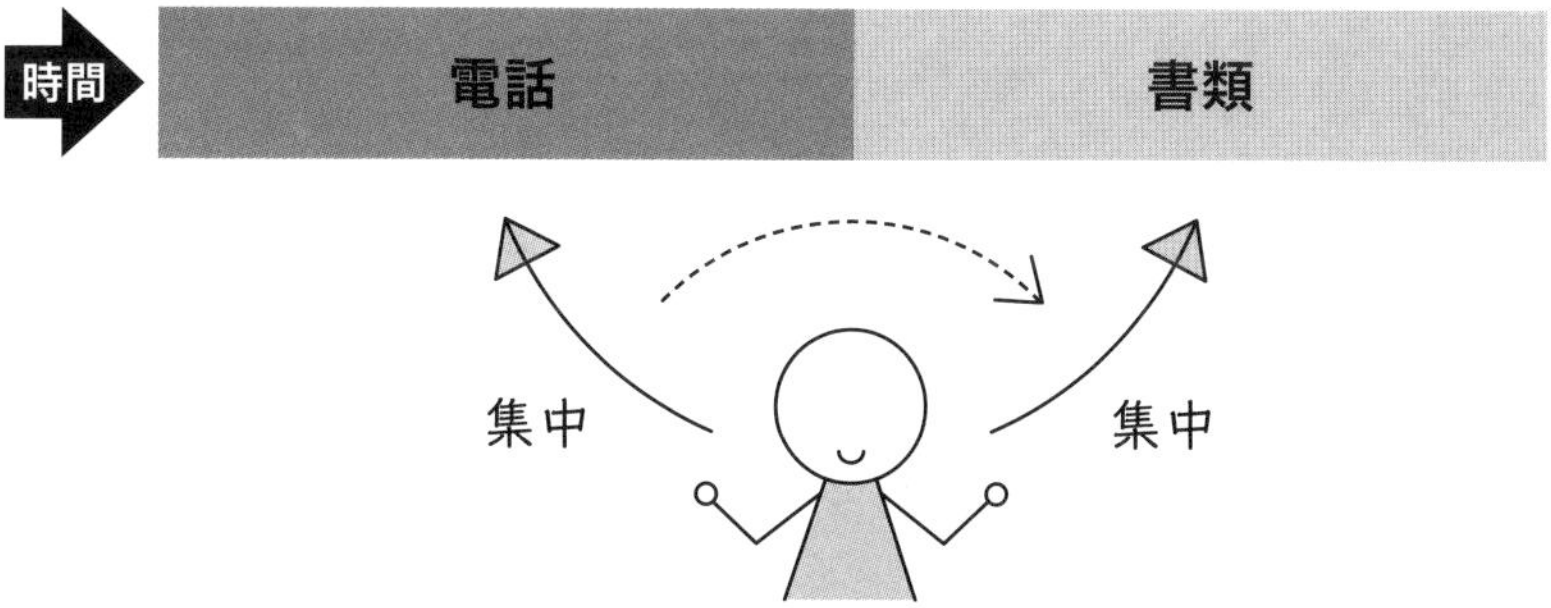

- 「電話」での話が理解できる
- 「書類」の内容をしっかり把握できる

ワンタスクは「結果につながる成果」を生み出す

2 「マルチタスク」を捨てる

◆認識を改めることから

「中途半端な成果物」を「結果につながる成果物」にするためには、認識を改めることから始めなければなりません。認識を改め、**「意識を同時に複数のことに向けるのは不可能、そもそも同時に複数のことを考えることすらできない」**という事実を受け入れるのです。

世の中で「マルチタスク」がもてはやされるのは、同時並行でタスクを処理できたらどんなにいいかという、現代人の願望によるもの。願望はあくまで願望であり、現実にできることではありません。「マルチタスク」とは、まさに幻想だと言えます。

そして大切なのは、性質上できないことをやろうとしないこと。これが、きわめて重要です。

◆できないことをやろうとするのは愚の骨頂

そもそも無理なことをやろうとするより、できることをしっかりやるほうが成果が出て、結果につながります。大事なことなので繰り返しますが、同時並行で複数の考え事ができないことからもわかるように、「マルチタスク」はそもそもできないことなのです。「マルチタスク」の幻想に惑わされるのは、金輪際やめにしましょう。

「マルチタスク」の幻想を打ち破ったあとは、成果を出すための現実的な戦い方を模索しなければなりません。地に足のついた方法で、毎日のあふれんばかりのタスクに向かい合うのです。

地に足のついた方法とは、ずばり「一つのタスクに集中する」。シンプルですが、これしか方法はありません。

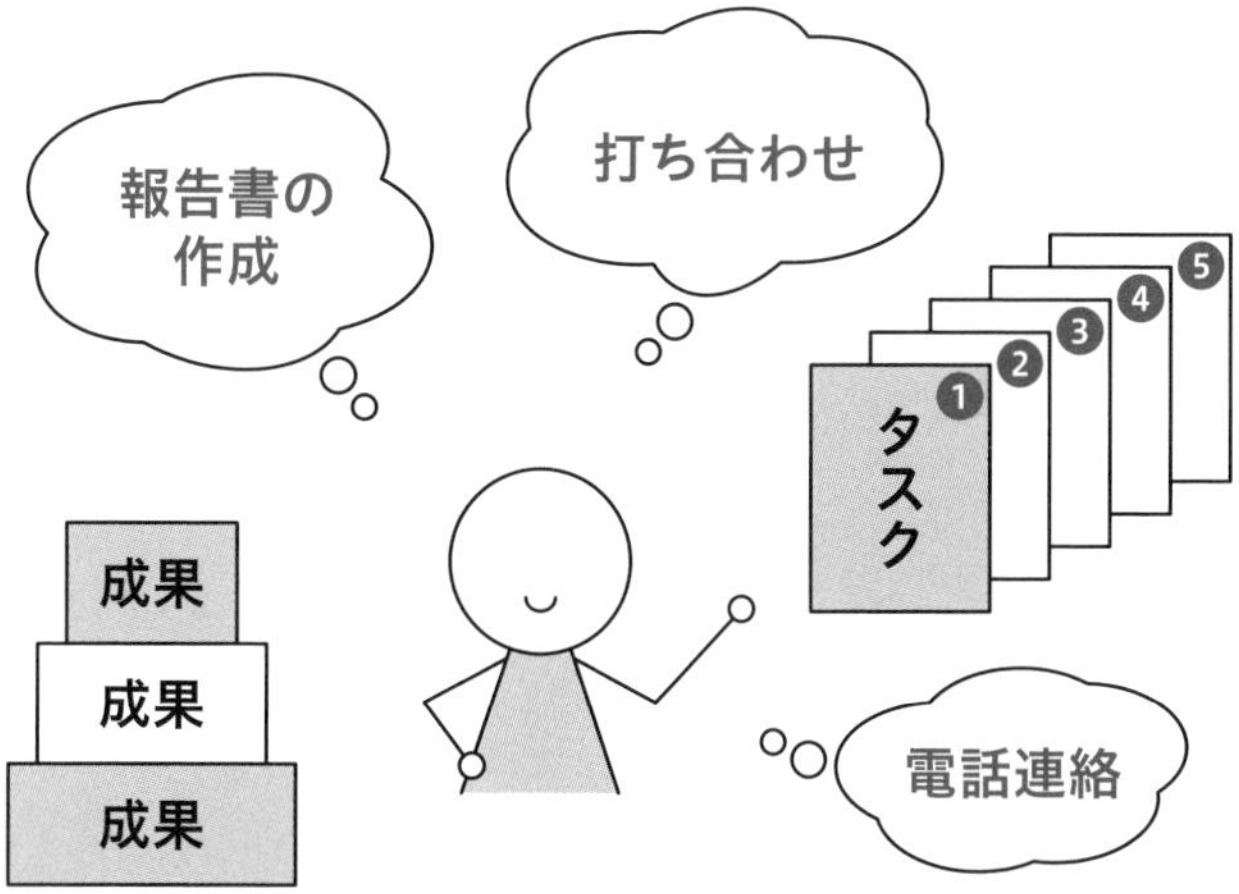

一つに集中し、成果を着実に積み上げる

◆一つのタスクに集中する

一つに集中するメリットは、なんといっても「成果」にあります。**一つのタスクに集中することで、中途半端ではない、結果につながる成果を出すことが可能**です。思考・意識を一つのタスクに集中することで「まだら」ではなくなり、本当の「成果」を残すことができます。

結局のところ、私たちはその「成果」を一つひとつ積み上げるしかないのです。同時並行に複数のタスクをこなすことをあきらめ、**一つに集中し、目の前のタスクを丁寧にこなす**ことだけが、私たちに与えられた実現可能な結果を出す方法なのです。

問題は、「一つのタスクに集中する」、それ自体が意外に難しいということ。一つのタスクに集中したくとも、なかなかそのようにできないのです。一つのタスクに集中するのが難しい理由を、続けて説明しましょう。

◆一つのタスクに集中するのは難しい

一つに集中して取り組むことが難しい理由は、いくつかあります。「マルチタスク」を捨て、一つに集中する「ワンタスク」で日々のタスクに取り組むために、この理由を明らかにします。

一つ目の理由として、**「マルチタスク」の幻想にとらわれている**ことが挙げられます。こんなに忙しいのだから「マルチタスク」でなければ、成果を出せないという間違った思い込みを捨てるのが難しいのです。「マルチタスク」の思い込みを捨てるためには、「マルチタスク」の正体を知ることが大切ですが、それはすでに述べた通りです。

二つ目の理由。それは、**目の前に数え切れないほどのタスクがあり、それらがあなたを取り囲んでいる**という現実。実際にいくつものタスクがあるのですから、「一つだけに意識を向けていては、今日が終わらない」と感じてしまうのです。

この二つ目については、発想を変えることが必要です。

「一つのタスクに集中していては、今日のタスクをこなせない」と思うのをやめ、**「一つのタスクに集中しなければ、一つのタスクも満足にこなせない」と認識を改める**のです。現に「マルチタスク」で取り組もうと思っても、成果が出ないことはおわかりのことでしょう。

そして三つ目の理由。それは、**「一つのタスクに集中するための工夫」があるにもかかわらず、その工夫を知らない**ことが挙げられます。

一つのタスクに集中するためには、複数のタスクに取り囲まれて、そのうちの一つに意識と思考をフォーカスしなければなりません。ほかのタスクを意識の上から追い出すことが必要なのです。現実は「複数タスクがあなたを取り囲んでいる」のですから、工夫なくしては「ワンタスク」の思考で日々のタスクに取り組むことはできないのです。

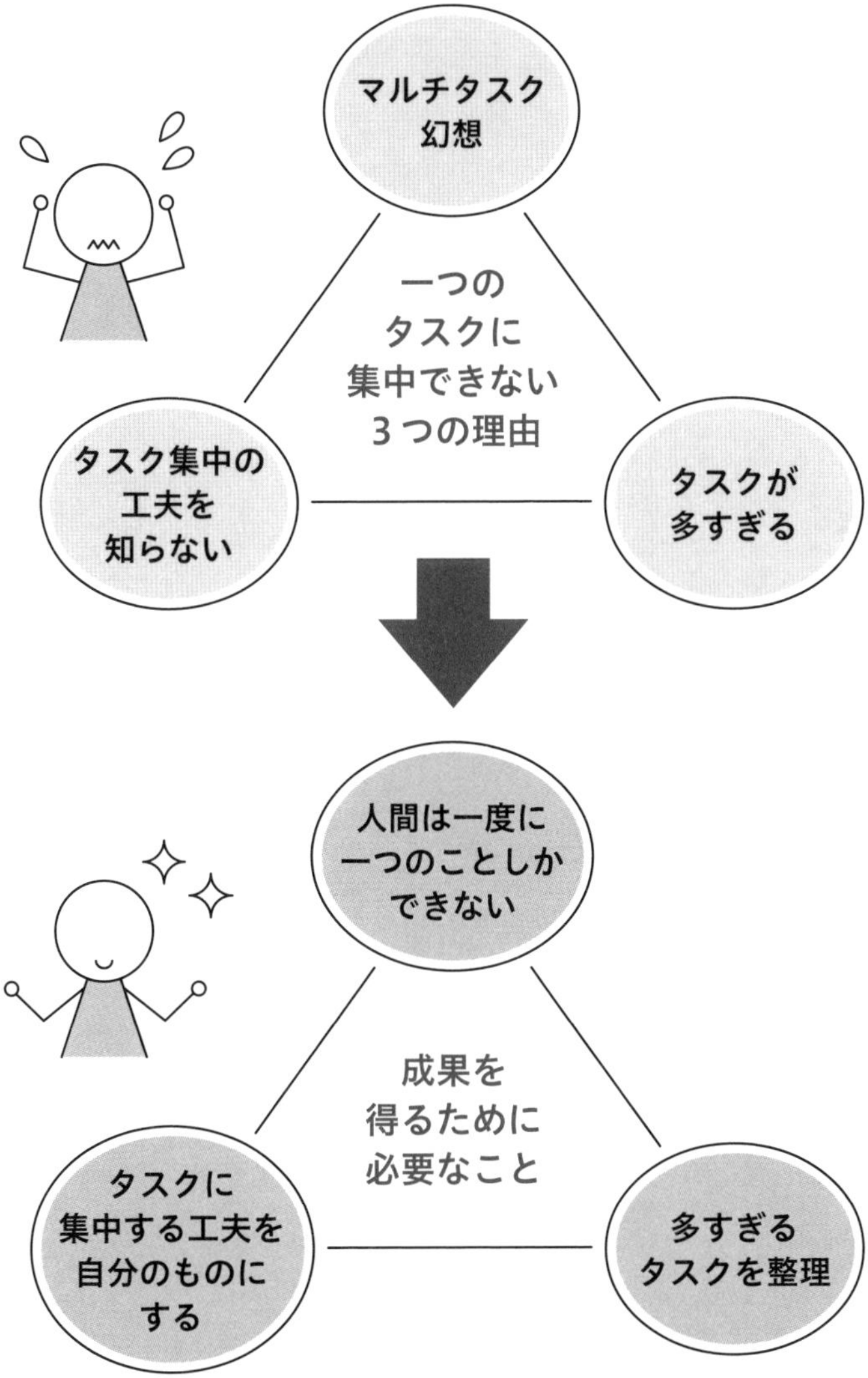
マルチタスク
幻想
一つの
タスクに
集中できない
３つの理由
タスク集中の
工夫を
知らない
タスクが
多すぎる
人間は一度に
一つのことしか
できない
成果を
得るために
必要なこと
タスクに
集中する工夫を
自分のものに
する
多すぎる
タスクを整理

**考え方を変え、「ワンタスク」の思考で、
できることから始める**

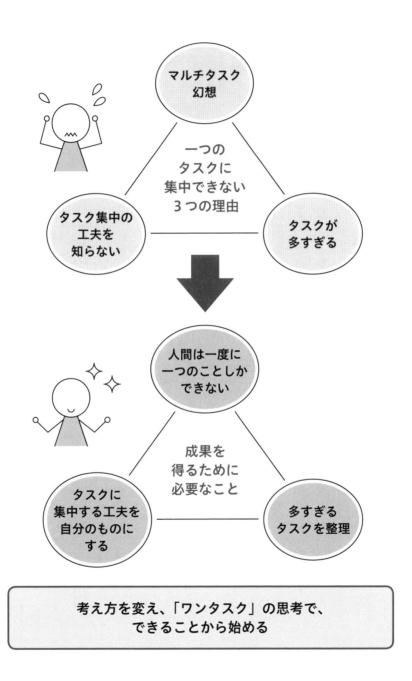

Task Rule

3 もう「ワンタスク戦略」しかない

◆一つのタスクに没頭する技術

本書では、第2章以降において、「一つのタスクに集中するための工夫」をご紹介します。工夫なしに「一つに集中しよう」と思うだけでは、複数のタスクに埋もれてしまうためです。工夫を手にし、一つずつ着実にタスクをこなすのです。

一つのタスクに集中するための工夫はいくつもありますが、その核をなすものは「ワンタスク戦略」――。ワンタスク戦略を軸として、一つに集中するためのそれ以外の工夫をも併用することで、着実な成果を積み上げることが可能です。

まずは、ワンタスク戦略の基本を説明します。

ワンタスク戦略は、「一つに集中できた状況」を再現し、その状況を「物理的に」作り出すことをその基本としています。

◆どうすれば「一つ」に没頭できるのか

そもそもですが、一つのタスクに集中できた体験が、誰しもあるはずです。「あの頃、○○に夢中になって取り組んだ」という場面のことです。それは受験勉強であったり、就職活動であったり、仕事における特別なプロジェクトであったり、まさに人それぞれでしょう。

一つに集中できたときに共通していることがあります。それは、**「ほかのタスクがそもそもない（あったとしても目に入らない）」という状況**です。

たとえば、集中して取り組んだ受験勉強というのは学生の頃の話です。学生の頃は、タスクの数が、ビジネスパーソンである今と比べて、自然と一つしかないような状況なのです。

「目の前にあるタスクは一つ」という状況を作ることが大切

◆状況を整える

ワンタスク戦略は、この「ほかのタスクがそもそもない（あったとしても目に入らない）」という場面を再現することから始めます。一つのタスクに没頭できた頃の状況を再現することが、大切なのです。

その再現の仕方として、**「物理的に」ほかのタスクがない状況を作る**ことが必要です。物理的にほかのタスクがない状況（正確には、ほかのタスクがあるのだけれど、目の前には一つのタスクしか登場しない状況）を作り出すことができれば、自然と目の前のタスクに集中できるのです。

絶対にしてはいけないのは、頭の中だけでワンタスクを実現しようとすることです。「一つに集中することが大切、一つに集中しなければ」と頭の中だけで思っても、なかなか一つのタスクに集中して取り組むことはできないのです。

◆複数のタスクを一列に並べて、一つずつこなす

ワンタスク戦略の詳細は第2章に譲りますが、そのイメージをここでお伝えします。

一つのタスクしか登場しない状況を作るワンタスク戦略は、「タスクの整理」から始めます。

タスクはあなたを取り囲むようにして、四方八方に存在するものです。四方八方に複数のタスクが存在していることが、一つに集中できない大きな原因です。この**四方八方に散らばっているタスクを整理して、一列に並べる**のです。

一列に並べたあとは、**そのタスクを真正面から見ます。**上から俯瞰するのではなく、「真正面から」というのがミソ。一列に並べたタスクを上から見てしまうと、目の前のタスク以外にも取り組むべきタスクがたくさんあると認識できてしまうためです。これが、一つのタスクに集中する際は邪魔になるため、真正面から眺めるのです。

◆一つのタスクに集中する

くどいようですが、「ワンタスク戦略」で重要なのは、**「物理的に」目の前のタスクは一つしかない状況を作る**ことです。

タスクを整理し、それらを一列に並べるときは、頭の中だけで整理してはいけないのです。意識だけではなく、「形」にしなければいけません。そして、まったく難しくない「ある工夫」によって、物理的にタスクを一列に並べることが可能です。

ところで、一つに集中することの大切さを伝えるセミナーや書籍は、本書以外にもあるでしょう。本書以外のそれらは、一つに集中することの大切さを教えてくれます。

しかし、大切さを理解するだけでは足りません。物理的に目の前のタスクしか登場しない場面を作ることこそが、大切なのです。

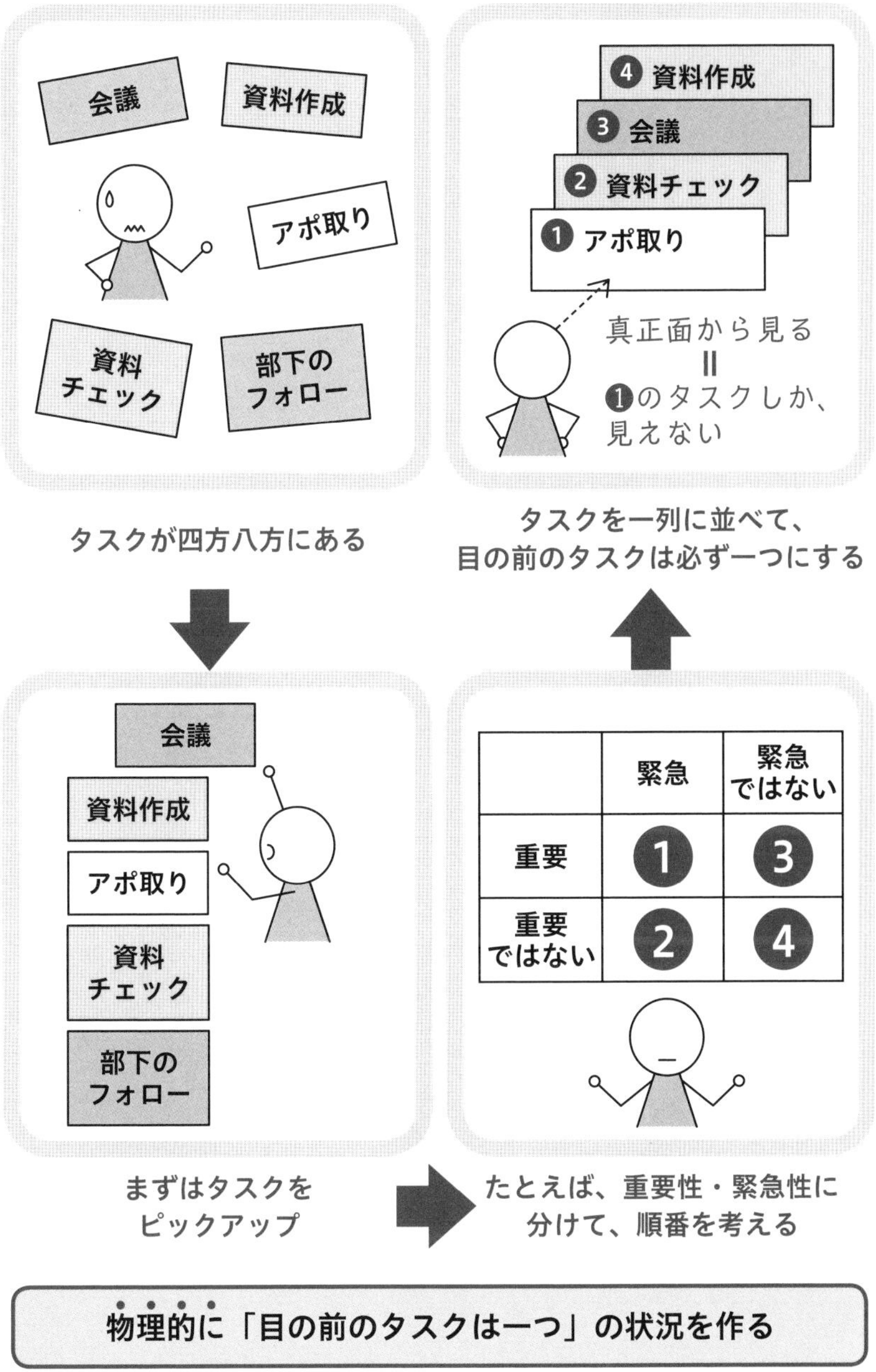
会議
資料作成
アポ取り
資料チェック
部下のフォロー
タスクが四方八方にある
まずはタスクをピックアップ
会議
資料作成
アポ取り
資料チェック
部下のフォロー
たとえば、重要性・緊急性に分けて、順番を考える
緊急
緊急ではない
重要
重要ではない
1
3
2
4
タスクを一列に並べて、目の前のタスクは必ず一つにする
4 資料作成
3 会議
2 資料チェック
1 アポ取り
真正面から見る
||
1のタスクしか、見えない
物理的に「目の前のタスクは一つ」の状況を作る

Task Rule

4

「ワンタスク戦略」を自分のものにする

◆一つのタスクに集中するために

本書を読んで、ぜひとも一つのタスクに集中し、結果につながる成果を出してほしい、そう思います。

そのためには、必要なことが2点あります。本書を読み進める際は、この2点を頭に入れて読み進めてください。

一つ目。本書で紹介する「一つのタスクに集中するための工夫」を、日々のタスク処理に**「ルーティン化・定番化」**して用いることです。

二つ目。一つに集中する工夫を、自分のタスクに合うように**「カスタマイズ」**すること。

この2点を意識して、ワンタスク戦略で日々のタスクに取り組めば、成果を積み上げることが可能になるのです。

◆タスク処理の手順をルーティン化・定番化

日々、多少の変化はあっても、だいたい似たようなスケジュールで、似たようなタスクを処理しているのが一般的です。

似たような毎日なら、タスク処理の仕方をルーティン化して、**タスクへの向き合い方を固めてしまう**ことができます。

たとえば、私の場合はデスクワークで、始業時間がほとんど変わらないことから、第2章で紹介する1日のタスクの整理、タスクの進捗確認など、毎日同じ時間に、同じ手順で取り組んでいます。

また、書類作成のときに使う、一つに集中するための工夫は○○、顧客対応のときは○○、というように、各タスク処理の場面で使う工夫も、定番のものがあります。

一つに集中するため「ルーティン化・定番化」
たとえば、時間を固定する

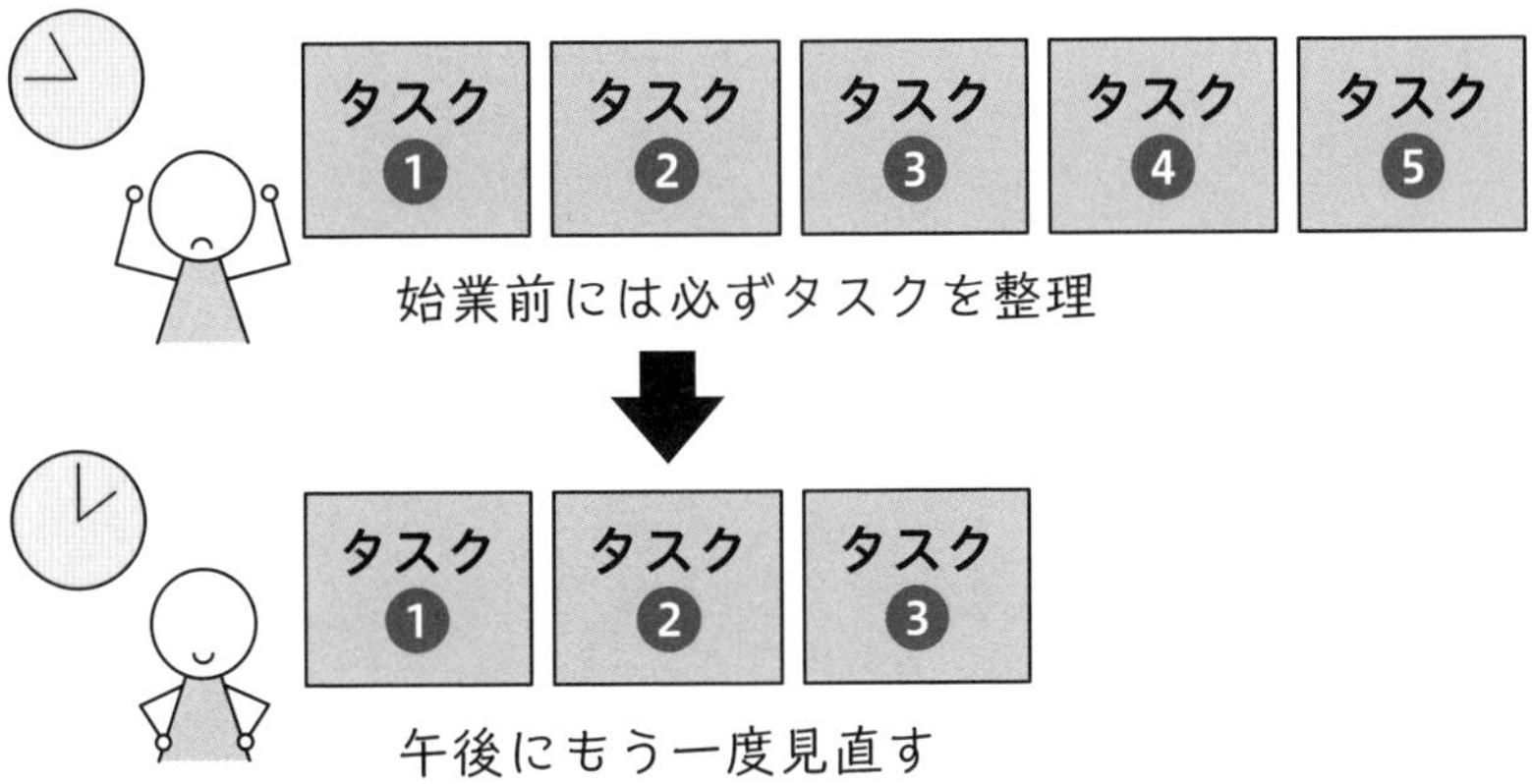
タスク 1
タスク 2
タスク 3
タスク 4
タスク 5
始業前には必ずタスクを整理
タスク 1
タスク 2
タスク 3
午後にもう一度見直す

タスク処理の第一歩は、大枠のルーティン化・定番化

◆ルーティン化・定番化のコツ

タスク処理の手順をルーティン化し、それぞれのタスク処理で使う一つに集中するための工夫を定番化することは、効率のアップにつながります。いちいち「今日はどうしよう、このタスクはどのように処理しようか」と考えることがなくなるためです。

ルーティン化・定番化のためには、コツがあります。それは、第2章で説明するタスクの整理や進捗の確認などの**タスク処理の大枠を固めるための時間を固定する**こと。

たとえば、始業前にタスクの整理をし、午後1時にもう一度タスクを確認すると決めてしまうことです。

そして、各タスクにおいて一つに集中するための工夫を定番化することは、本書で紹介する工夫を自分の状況に合うようにカスタマイズすることで、達成が可能です。

◆一つに集中する工夫を、カスタマイズ

本書では、一つのタスクに集中するための様々な工夫をご紹介します。

しかし、その工夫のすべてがあなたの日常のタスクに当てはまるわけではないでしょう。タスクの種類や内容は人それぞれであり、**抱えているタスクは一人ずつ違う**ためです。

このようなことから、本書で紹介する工夫はあなた流にカスタマイズしてほしい、そう思っています。あなたの仕事や生活の在り方に合わせて、一つのタスクに集中するための工夫を変えていくのです。

カスタマイズと言われて、難しいと感じる方もいるでしょう。しかし、あまり難しいと考えないでください。本書の工夫を参考にして、自分がやりやすい方法に変えていく、このくらいの気持ちでいてほしいのです。

◆カスタマイズのコツ

まずは本書を読んでいただき、真似できそうな工夫があれば、そのまま真似することです。そのまま使える工夫は、そのまま使うのが最も労力のかからない合理的な方法だと言えます。

そして問題なのは、そのまま真似できないと感じる工夫です。これはカスタマイズが必要ですが、それにはコツがあります。

本書で紹介した工夫がそのまま真似できなければ、その工夫が**「どんな場面を例として、何を達成しようとしているのか」**を探ってください（たとえば、本書では時間管理をストップウォッチではなく砂時計ですることを推奨しています。これは時間を「絵」としてとらえるためです）。

探ったあとは、自分のタスク処理の環境を思い浮かべます。そして何を、どのように変えたら同じ効果が得られるのかを考え、試すのです。

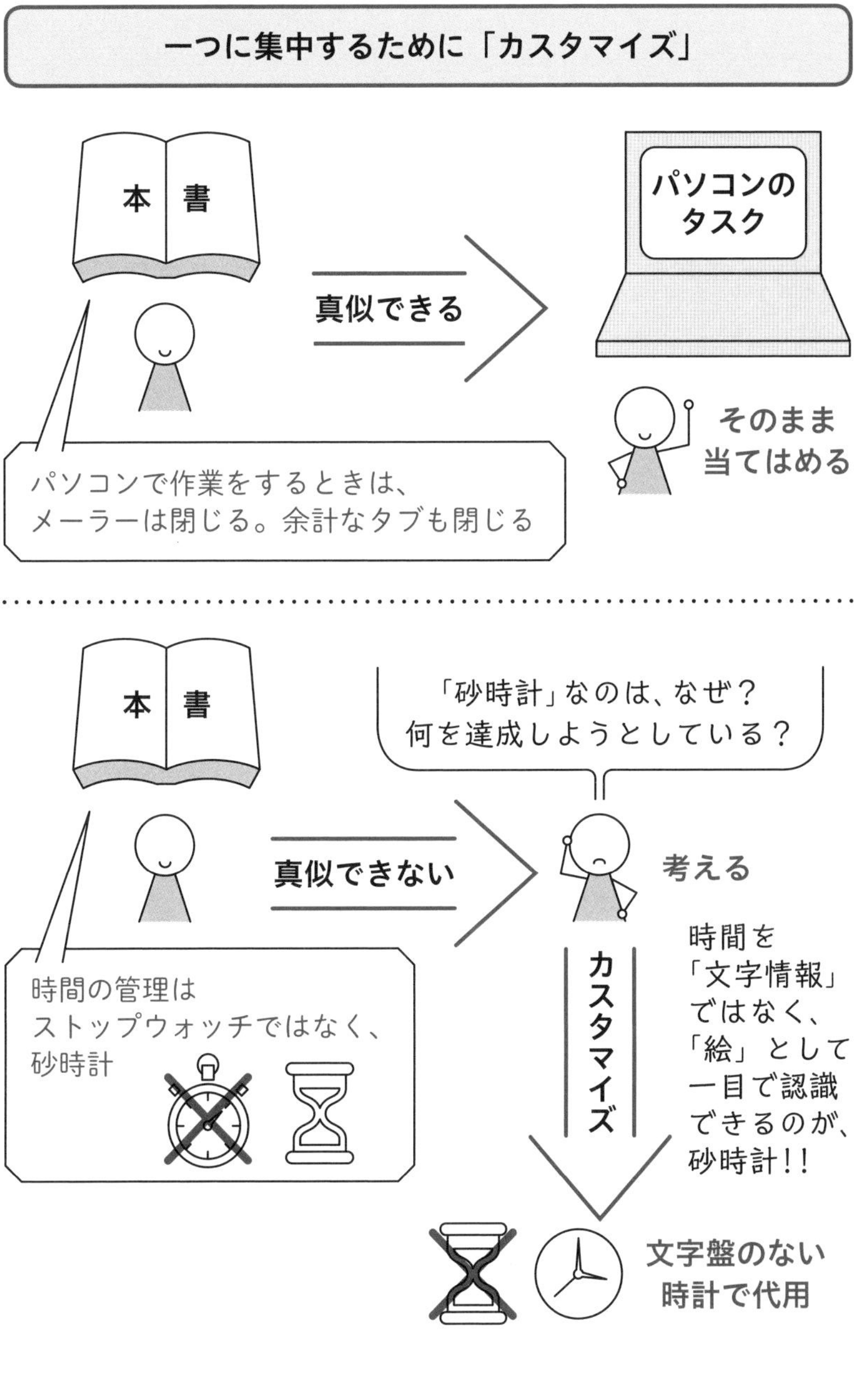
一つに集中するために「カスタマイズ」
本書
パソコンのタスク
真似できる
そのまま当てはめる
パソコンで作業をするときは、
メーラーは閉じる。余計なタブも閉じる
本書
「砂時計」なのは、なぜ？
何を達成しようとしている？
真似できない
考える
時間の管理は
ストップウォッチではなく、
砂時計
カスタマイズ
時間を
「文字情報」
ではなく、
「絵」として
一目で認識
できるのが、
砂時計！！
文字盤のない
時計で代用

column 1

「ワンタスク」を図解で伝える

以前の私がそうであったように「マルチタスク」に憧れを持ち、「マルチタスカー」のふりをしたことがある人は少なくないはずです。「マルチタスカー」は恰好よく見えるのだから、それも仕方ありません。

第1章で伝えたいのは、とにかくその「マルチタスク」を捨て、「実現可能な戦略」で日々を過ごしたほうが、高いパフォーマンスを発揮できるということです。そして、その実現可能な戦略というのが、ワンタスクです。

ワンタスク、つまり一つに集中し、成果を着実に積み上げるための工夫を、どのようにしたらわかりやすく伝えられるのだろうか、私は考えに考えました。実践的なコツを、あなたの日々の生活に取り入れやすい形でお伝えしたかったのです。

そこで選んだのが「図解」という方法です。

文字だけで情報を伝えようと思っても、なかなか頭に入りません。読者であるあなたは、それこそいくつものタスクを抱えているのでしょうから、「この本を何度も何度も繰り返し読んでください」とは言えません。一度でコツをお伝えするためには、イラストを交えてお伝えするのが合理的だと判断したのです。

この本で紹介するコツはわかりやすく、そして実践しやすいものばかりであると自負しています。「ワンタスク」で、あふれんばかりのタスクをこなしましょう。

第2章

「ワンタスク戦略」を手に入れる

Task Rule

5 今こそ「ワンタスク戦略」

◆一つのことに集中する

本書では、「一つのタスクに集中して取り組んでこそ有効かつ効率的なタスク処理ができる」という主張のもと、様々な工夫をお伝えしていきます。そんな本書の各論となる第2章以下においてまずお伝えしたいこと、それは各論で最も大切な「ワンタスク戦略」についてです。

ワンタスク戦略は、目の前に現れるタスクを常に一つにして、意識をそのタスク処理に集中させる工夫のこと。

もう少し具体的に言うと、一つに集中することを可能にするために、**タスクを整理して、一列に並べます。**そして**「物理的に」目の前のタスクは一つしかないという状況を作る**、これがワンタスク戦略の基本です。

◆「タスクの整理」と「物理的に一つ」がコツ

ワンタスク戦略を習得するために大切なのは、まさに「タスクの整理」と「登場するタスクを物理的に一つにする」ということ。

本章を読み進めながら、常に、「今はタスクの整理の仕方についての話だな」「今は物理的に一つの話だな」と意識をしてください。考えながら読んでほしいのです。

目の前に登場するタスクが一つになれば、そのタスクに集中できます。集中して目の前のタスクに取り組み、あとはそれを黙々と片づける。片づけたあとにまた別のタスクが登場しますが、同じように集中して片づける。タスク処理は毎日、この繰り返しです。一つに集中し、効率的にタスクをこなしましょう。

真正面から見る

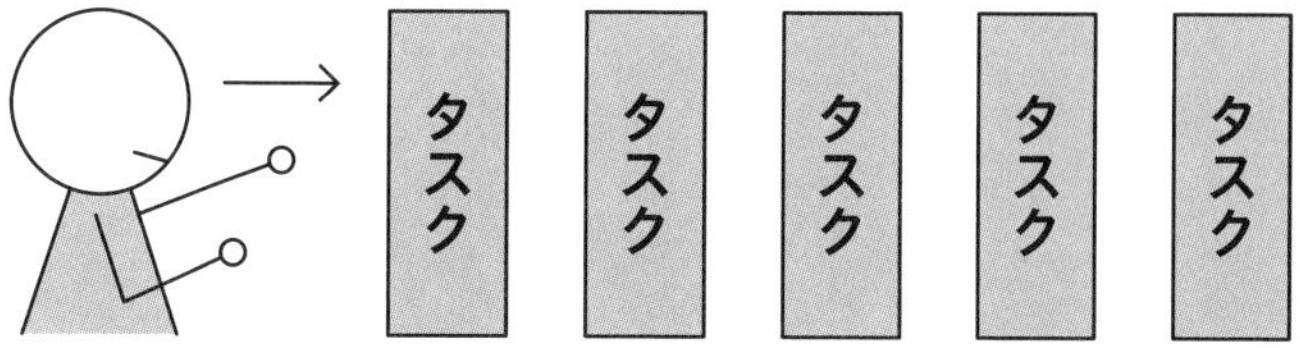

タスクを一列に並べて、目の前のタスクを一つにする

タスクの整理

- タスクピックアップ（34ページ）
- 順番は、紙に書いて決める（35ページ）
- タスクと「時間・状況」の相性を考える（36ページ）
- 定期的なタスクメンテナンス（46ページ）
- タスクのグルーピング（50ページ）

目の前に登場するタスクを「物理的」に一つにする

- 資料を寝かせて積み上げる（40ページ）
- 付せんを重ねて貼る（42ページ）
  →付せんはキーボードの下に（42ページ）
- 順番を変えたら、資料・付せんも変える（44～45ページ）

ワンタスク戦略の柱は
「タスク整理」と「物理的に一つにする」こと

Task Rule

6 毎朝の「タスクピックアップ」と順番決め

◆行き当たりばったりではいけない

ワンタスク戦略では、タスクを一列に並べて、それらを黙々とこなすことになるため、何らかの方法で**「タスクの整理」が必要**です。

しかし、多くの人は、手に取りやすいタスクから1日のタスク処理を始めるもの。デスクに向かったら、何も考えずに前日にやり残した仕事から取り組んだり、視界に入った資料に関するタスクから、やみくもに手をつけるのです。

ワンタスク戦略では、行き当たりばったりではいけません。タスクを整理し、一つひとつに集中できるようにしなければいけないのです。

まずはタスクを一列に並べるために、その日に取り組む必要のあるタスクを明らかにすることから、1日を始めてください。

◆毎朝の「タスクピックアップ」のすすめ

オフィスに出向いたら、**毎朝「今日のタスクの確認」から始める**のです。このことを私は「タスクピックアップ」と呼んでいます。これは毎日行い、必ず習慣にしましょう。

くどいようですが、思いついたタスクから手をつけることはやめてください。思いつきでタスクを処理していては、タスクを処理している途中で別のタスクを思い出したりして、意識が四方八方に散らばってしまうからです。

毎朝、タスク処理に取りかかる前に、今日するべきタスクを思い起こしてください。そして**殴り書きで構わないので、それらのタスクを紙に書き出します。**紙に書けば、頭の中だけでピックアップするよりも、より明確になるためです。

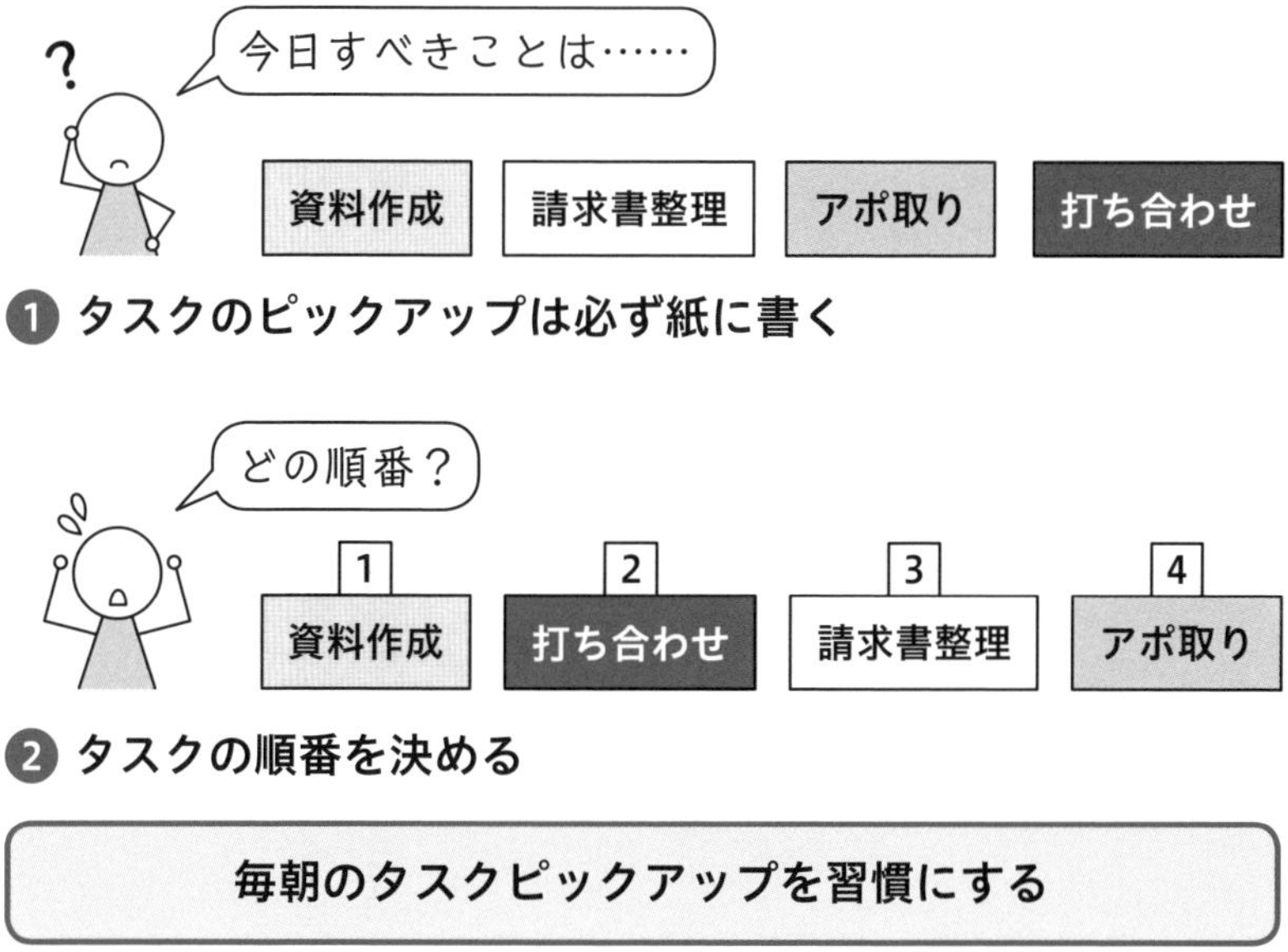

◆タスク処理の順番を決める

タスクピックアップができたら、次は**タスク処理の順番を決めましょう。**これも実際のタスク処理に取りかかる前の時間帯、つまり**「朝」に決めてしまう**というわけです。

タスクピックアップだけではなく、順番を決めるときも、頭の中だけで終わらせてはいけません。順番を決めるときも、**紙に書いて整理する**ことが大切。頭の中だけではなく、きちんと「形」にするのです。

なお、紙に書き込む際は、きれいに書く必要はありません。殴り書きでピックアップした各タスクの横に、数字で「①、②……」とメモするだけでまったく構いません。大切なのは、そのあとのタスク処理そのものであって、タスクピックアップと順番を決めることは、あくまでも「タスクのためのタスク」にすぎないからです。

◆タスクと「時間」の相性を考える

こなすべきタスクの順番を決めるときは、そのタスクと時間の相性を考えて決めることが大切です。

たとえば、**朝の時間帯は頭が空っぽで、思考に適した時間**です。一方で、**夜の時間帯は体も頭も疲れていて、考えることがなかなか難しい時間**です。

そこで、取り組むタスクの順番を決めるときは、「考えること」がメインとなるタスクは午前中に処理することにします（私の場合、執筆作業などです）。そして、さほど考えないでも行えるタスク（単純作業など）は、夜にまとめて取り組むことにします。

このように、タスクを処理する順番を決めるときは、その時間帯とタスクとの相性を考慮した上で、取り組む順番を決めるようにしましょう。

◆タスクと「状況」の相性を考える

タスク処理の順番を決めるときは、そのタスクと、その日の状況の相性を考えて決めることも大切です。

たとえば、午後いちばんにヘビーな会議の予定があり、その会議で結構な疲労を感じることが予想できる場合は、会議後の時間帯には単純作業のタスク処理を予定しておき、頭を休めることが有効です。

午前中も同じです。朝は思考に向いているとはいっても、朝から打ち合わせがあり、疲れてしまう可能性があるときは、そのあとのタスクはあえて頭が疲れないタスクがよいと言えます。

このように、**その日の状況（特に相手がいて自分の都合だけでは動かせない予定）を見越して、タスク処理の最適な順番を決める**ことが大切になるのです。

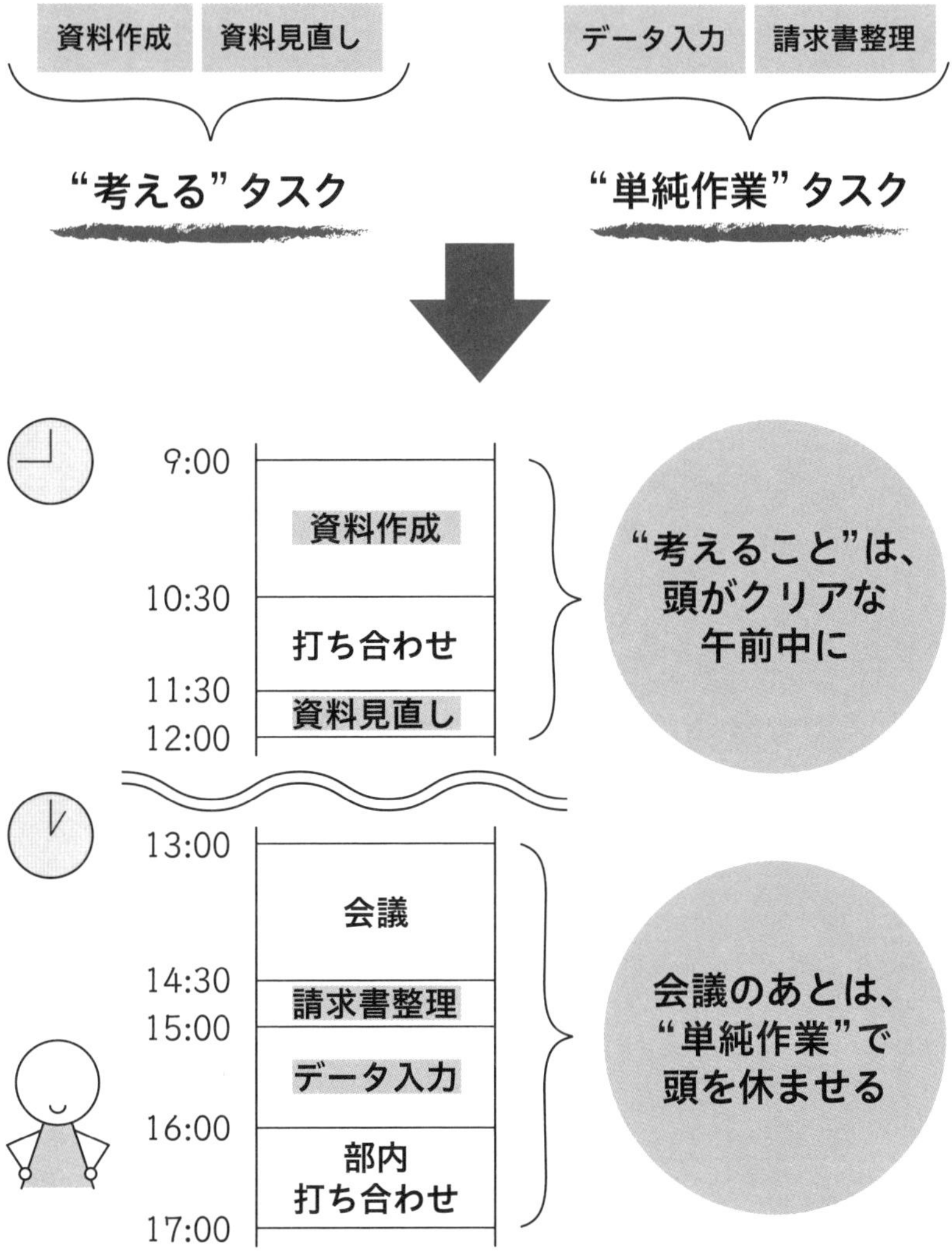

効率よく仕事をするには、
タスクと時間、状況の相性をよく考える

7 「ワンタスク戦略」を見える化する

◆目の前のタスクは一つ

タスクピックアップとタスク処理の順番を決めることで、ワンタスク戦略で求められる「一列」を作ることができます。本来は対処するべきタスクが複数あって、意識もそれぞれに向かってしまいがちなところ、「今は一つ目のタスク、次は二つ目のタスク、次の次は三つ目のタスク」というように、目の前に登場するタスクを常に一つにして、意識を目の前のタスクに集中させるのがワンタスク戦略なのです。

そして、目の前に登場するタスクは一つであることを「見える状態にする」、これが大切です。目の前に登場するタスクが一つであることを、頭の中で意識するだけでは足りないのです。これはぜひ、わかってください。

◆「外から見てわかる」は重要

一点に集中するためには、**外から見ても「今、取り組むべきタスクはこれ一つ」という状態にしておく**ことが、きわめて重要です。

話は飛ぶようですが、卑近な例を挙げましょう。お寿司を食べるとき、高級なお店になると1貫ずつ（場合によっては2貫ずつ）出してくれます。寿司下駄に10貫が並んだ状態で出てくるより、1貫ずつ出してくれるお寿司のほうが、その1貫に集中でき、味わって食べることができるのは言うまでもありません。

食べる順番を決めていても、寿司下駄に10貫並んでいては、様々なお寿司が視界に入ることで、意識を「今、食べる1貫」に集中することは難しいのです。

意識に次のタスクが入ってくると、目の前のタスクに集中できない……

タスクを一つひとつ登場させると、目の前のタスクに集中できる

タスク処理も似たところがあります。処理するべきタスクが10個あり、取り組む順番を決めたところで、「タスクは10個ある」という外観があれば、意識を一つに集中することは容易ではありません。頭の中だけで「次はこれ、その次はそれで、次の次はあれで……」と決めていても、視界や意識に10個のタスクが入ってきたら、そのうちの一つに集中することは、簡単ではないのです。

1貫1貫出してくれるお寿司屋さんのように、**タスクも一つひとつ登場するという形を取る**ことができれば、一つひとつのタスクに集中して取り組むことが可能になります。

問題は、どうすればタスクが一つひとつ登場するような外観を作り出すことができるか、ということです。

ここで二つの工夫をご紹介します。どちらも簡単な方法なので、ぜひ試してみてください。

◆資料を積み上げるのが最も簡単

目の前に登場するタスクを常に一つにするには、物理的にも一つずつタスクが登場するように仕向けることが大切です。

そのための工夫の一つ目は、**資料の面を上にして積み上げて置く**こと。ただこれだけです。

私の場合は、作業場（事務所）に私しか使わないキャビネットがあります。キャビネットはオフィス用のものであるため、開けたらA４サイズの資料を寝かせて置けるだけのスペースがいくつかあります。そのうちの一つのスペースに、**取り組むべきタスクの資料を順番に並べて、「寝かせて」置きます**（つまり、目に入る資料は一番上に置いたものだけになります）。

タスクの処理に取りかかる際は、キャビネットを開き、一番上に置いてある資料から取りかかります。ここでは、目の前の資料のこと以外、考えないようにして、集中して取り組みます。

タスク処理が終わったら、終わったタスクの資料はキャビネットの別の場所に入れます。そしてまた、一番上にある資料を取り出して次のタスク処理に移ります。こうすれば、目の前に登場するタスクが常に一つになります。

これを日々、繰り返しているのです。

物理的な制約から、A４サイズ（ビジネスの世界では多くの資料がA４サイズだと思います）の資料を寝かせて置けない場合もあるでしょう。

そんなときは、引き出しなどにA４のファイルを手前から順番に立てて並べるのでもいいでしょう。**手前の資料に関するタスクから取り組んでいく、というルールを作る**のです。

ただし、ファイルを立てて並べることは、上から見るとタスクが複数あることがわかり、意識がそちらに向いてしまう可能性があります。やはり資料を寝かせて置けるのであれば、寝かせて置くことをおすすめします。

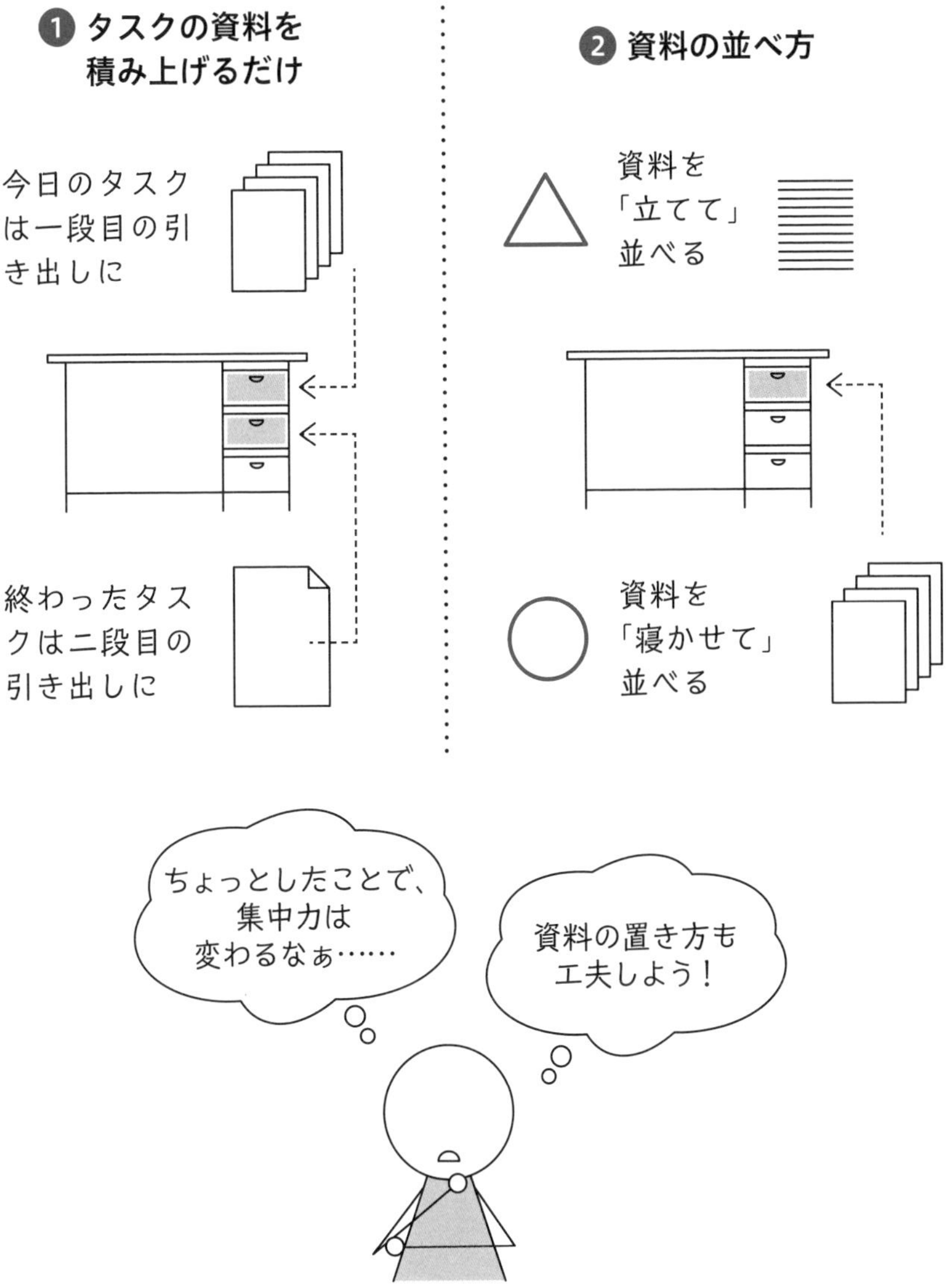

集中するには、資料の「置き方」も大事

◆「付せん」でする1日のタスク管理

目の前に登場するタスクを外形上も一つにする工夫は、まだあります。

二つ目の工夫は、付せんを使った方法です。この方法は、先ほどの「資料を順番に寝かせて積み上げる方法」よりもスペースを使わないため、作業スペースがあまりない人にもおすすめです。

まずは、**付せんに今日取り組むべきタスクを書き出します。**付せん一つに、タスク一つの要領で書き出しておくのです。

それぞれの付せんを、横や縦に並べて貼るのではありません。43ページの図にあるように、**付せんを取り組むタスクの順番の通りに、「重ねて」貼ります。**

タスクを書き込んだ付せんを横や縦に貼って、左から（あるいは上から）順番にタスクをこなしていく、という方法もあるでしょうし、おそらくそれが一般的です。

しかし、付せんを横や縦に並べて置くと、タスクを書き込んだ各付せんが一斉に目に入り、次のタスク以外のことにも思考が奪われてしまいます。だから、付せんは「重ねる」のです。

付せんを貼っておく場所ですが、デスクワークの方であれば、**今、取り組むタスクの付せんだけはデスクの見えるところに貼り、そのほかはパソコンのキーボードの下に貼る**ことをおすすめします。キーボードの下にほかのタスクの付せんを貼れば、作業中にそれらの付せんが視界に入ることがなく、集中の邪魔にならないためです。

デスクワーク以外の方は、持ち歩く手帳の開きやすいページに、付せんを重ねて貼ります。

そして、タスクが一つ終わったら付せんをはがし、その付せんだけを見える場所に貼って、次のタスクに移行します。重ねた付せんをはがすごとにタスクが登場し、「目の前に登場するタスクは一つ」という状況を作ることができるのです。

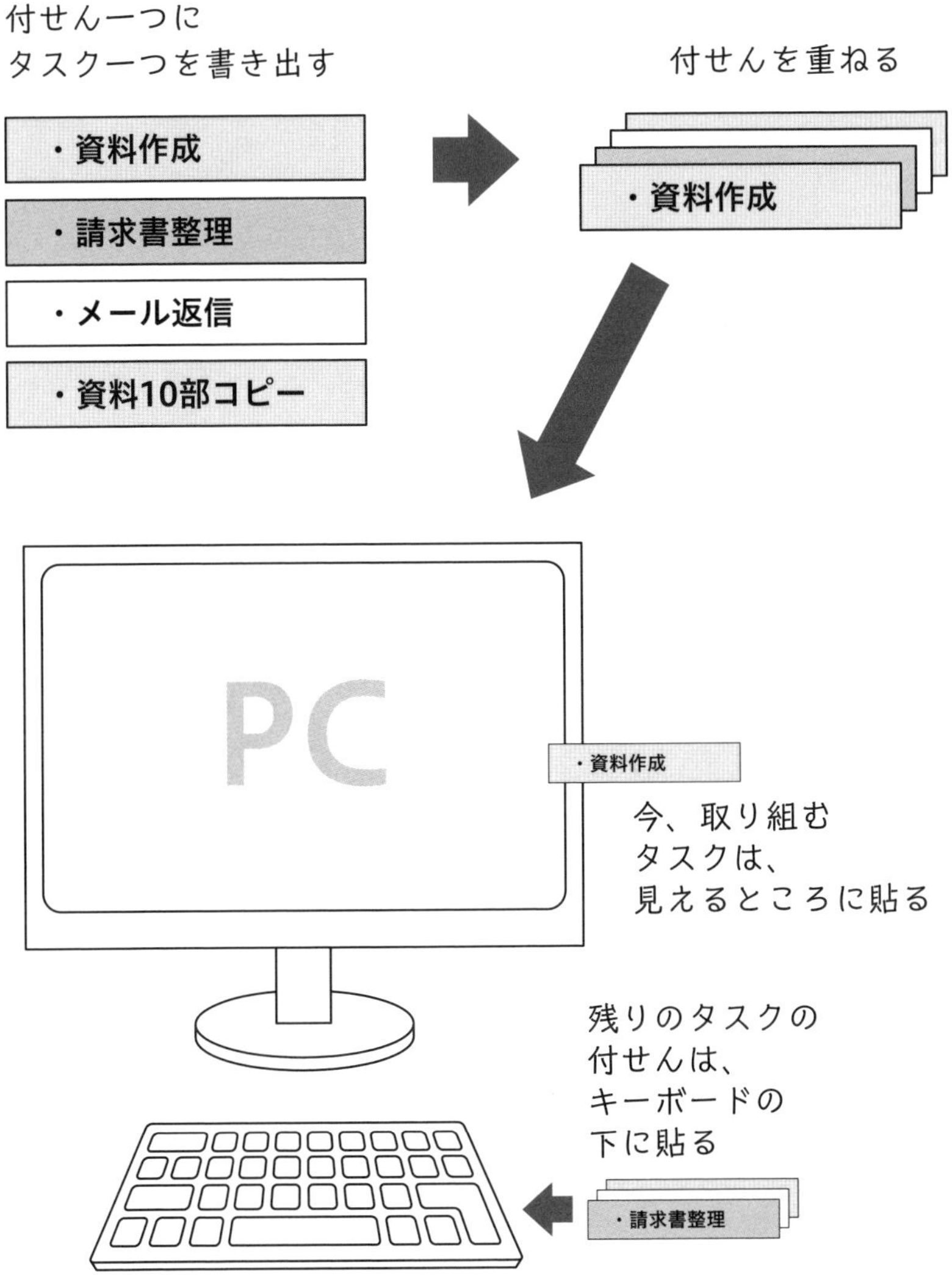
付せん一つに
タスク一つを書き出す
・資料作成
・請求書整理
・メール返信
・資料10部コピー
付せんを重ねる
・資料作成
PC
・資料作成
今、取り組む
タスクは、
見えるところに貼る
残りのタスクの
付せんは、
キーボードの
下に貼る
・請求書整理

ワンタスクを「見える化」すると、
仕事の効率はぐんと上がる

Task Rule

8 タスクメンテナンスで、臨機応変に

◆順番を決めても、絶対ではない

タスクピックアップをしてタスク処理の順番を決めても、なかなか順番通りにいかないこともあるでしょう。書類作成をしてから、顧客に一斉にメールで連絡すると決めても、思い通りにいかないことがあるのです。

たとえば書類作成を進めていたら、突然同僚に急ぎの仕事を頼まれる。今すぐ対応しなければいけないことが突如発生する。あとで対応しようと思っていたことの優先度が、急に上がる。こんなことがあるのです。

大切なのは、順番を決めても、それは絶対ではないと意識し、臨機応変に対応することです。

タスクの優先度が変わったのなら、タスク処理の順番を変えなければいけないのです。

◆タスク処理の順番を変えるとき

たとえば「今のタスク」を一度横に置いて、突発的に発生したタスクにすぐに取り組まなければならない場面を思い浮かべてください。

このとき、頭の中だけで「順番が変わった、今、取り組んでいたタスクは次に行おう」と決めるだけでは足りません。頭の中だけではなく、今この瞬間に集中するべきタスクが変わったことを外から見てもわかるようにすることで、意識を向ける先を明確に切り替えることが大切なのです。

今、取り組むべきタスクが変わったと明確にするためには、**積んでおいた資料の一番上に、今、取り組んでいたタスクの資料をそのまま戻しましょう。** 次に取りかかるタスクになったことを明らかにするのです。

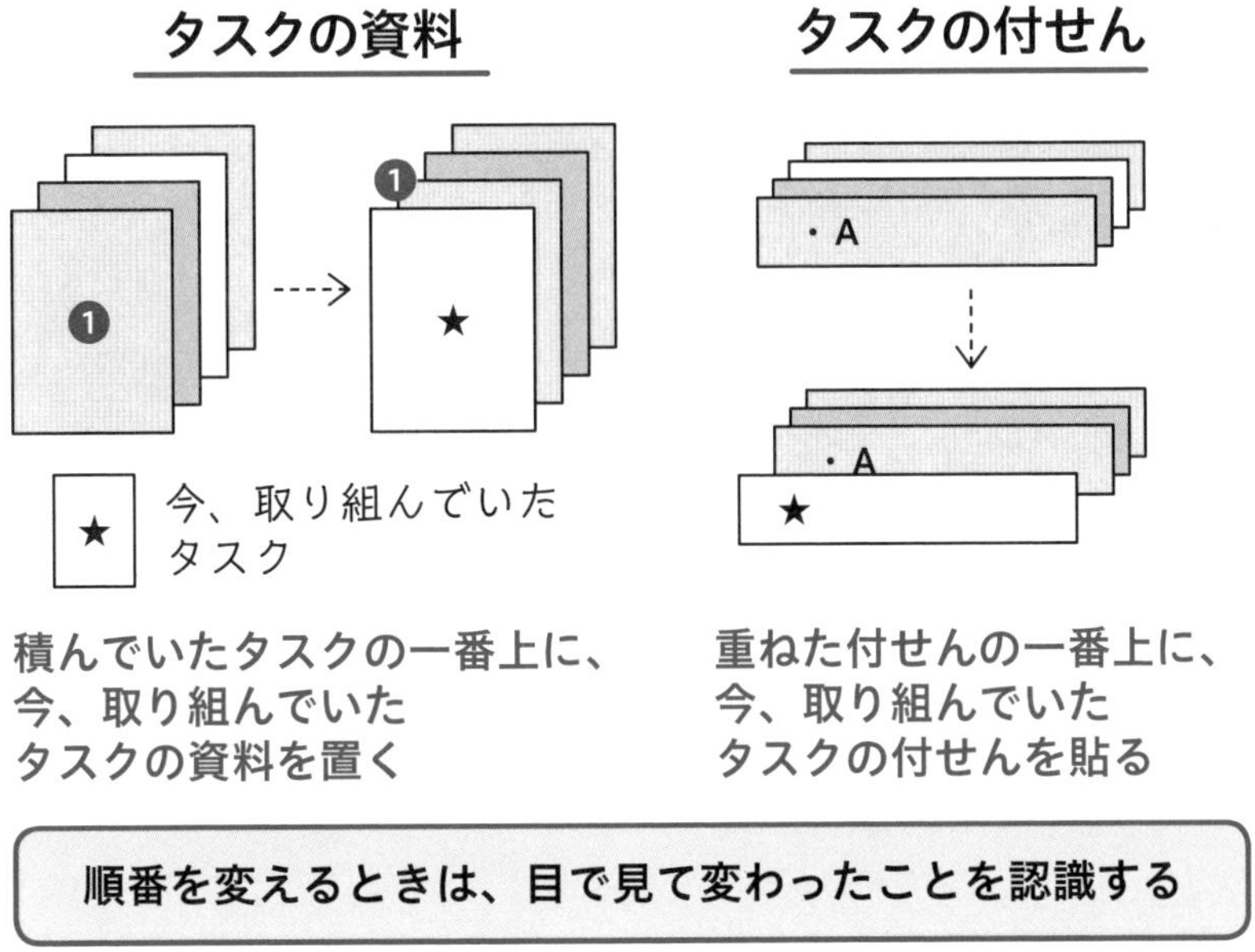
タスクの資料
1
1
★
今、取り組んでいたタスク
積んでいたタスクの一番上に、今、取り組んでいたタスクの資料を置く
タスクの付せん
・A
・A
★
重ねた付せんの一番上に、今、取り組んでいたタスクの付せんを貼る
順番を変えるときは、目で見て変わったことを認識する

付せんを活用したタスク管理であれば、今、取り組んでいたタスクについて書き込んでいた付せんを、重ねて貼っていた付せんの一番上に戻します。「今のタスクの優先度が落ちて、そのタスクは次に行うタスクになった」と目で見てわかるようにするのです。

予定していた各タスクの優先度が変わったときも、同じです。積んでいる資料を取り出し、優先度が高くなったタスクに関する資料は手前に移動します。優先度が低くなったタスクに関する資料は、当然ですがその分、後ろに移動します。付せんも同様に、各タスクの順番が変わったのなら、付せんの順番も改めるのです。

とにもかくにも、頭の中だけでタスクの順番を管理するのではありません。頭の中だけで管理していると、そのうち整理したことがわからなくなってしまいます。目で見て順番がわかるようにすることが大切なのです。

◆変化に対応する

前述のように、突発的にタスクの優先度が変わる場合があり、そのときはタスク処理の順番を見直すことは、当然といえば当然です。

ここでは、突発的にタスクの優先度が変わった場合以外にも、**タスクの順番を見直すべし**、というお話をします。

そもそもですが、変化が多く、そして大きいのが現代であり、その変化に対応することがビジネスパーソンとしては大切です。

1週間や1ヶ月という大きな単位では言うまでもなく、1日の中にも、やはり状況の変化はあります。朝のうちには「今日中に取り組むタスク」と思っていたものが、午後になると「明日になってから取り組むのが最適なタスク」になる場合だってあるのです。もちろんですが、状況に変化があれば、その変化に対応しなければいけません。

◆定期的なタスクメンテナンス

変化が決定的に起こってからタスクの順番を見直すよりも、**変化の兆しを察知してタスクを見直すほうが、時間を有効に使うことができます。**

ここで行ってほしいのが、タスクメンテナンスです。タスクメンテナンスは、朝に行ったタスクピックアップ（その日にこなすタスクの選定）とタスク処理の順番決定を見直すことです。

タスクメンテナンスは、定期的に行うことが大切。たとえば昼休み明けに行い、そのあとは午後4時に行う。このように、1日のスケジュールの中に、日課としてタスクの見直し作業であるタスクメンテナンスを組み込むのです。

タスクメンテナンスで変化の兆しを察知できたら、タスクを追加したり、タスク処理の順番を入れ替えます。臨機応変に、変化に対応できるようにしましょう。

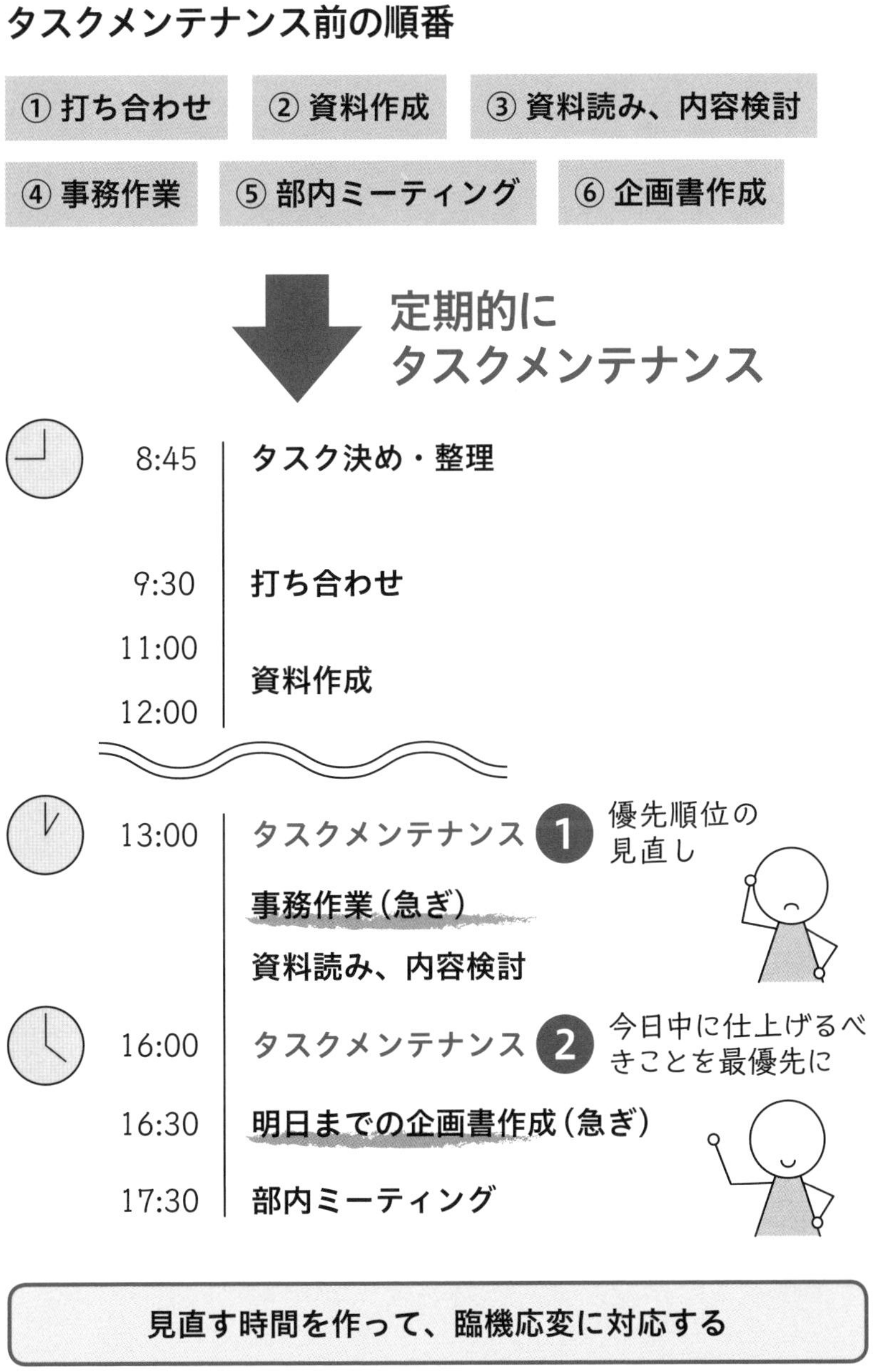
タスクメンテナンス前の順番
① 打ち合わせ
② 資料作成
③ 資料読み、内容検討
④ 事務作業
⑤ 部内ミーティング
⑥ 企画書作成
定期的に
タスクメンテナンス
8:45 タスク決め・整理
9:30 打ち合わせ
11:00
資料作成
12:00
13:00 タスクメンテナンス 1
優先順位の
見直し
事務作業（急ぎ）
資料読み、内容検討
16:00 タスクメンテナンス 2
今日中に仕上げるべ
きことを最優先に
16:30 明日までの企画書作成（急ぎ）
17:30 部内ミーティング
見直す時間を作って、臨機応変に対応する

Task Rule

9

同種類のタスクはまとめる

◆タスク処理の効率が落ちる

タスク処理の順番を決める、タスクメンテナンスでタスク処理の順番を調整する、このときに、タスク処理を効率化するコツがあります。そのコツというのは、**「同種類のタスクをまとめる」**ことです。

このコツを詳しくお伝えする前に、何も考えずにタスク処理の順番を決めると、なぜ効率的なタスク処理にならないのかを説明しましょう。

何も考えずにタスク処理の順番を決めると、集中が途切れやすくなります。集中が途切れると、タスク処理の効率が落ちるというわけです。

目の前のタスクが終わって次のタスクに着手するときに、集中がとにかく途切れやすいと気づいてください。

◆集中がリセットされるとき

たとえば、社内資料を作るタスクが終わったあとに、顧客への報告をするタスクに着手します。社内資料を作っていたときは集中している状態にあったものの、ひと息ついて次のタスクに取り組むときに、集中がリセットされてしまうのです。言わずもがな、再び集中状態を取り戻すのは、相当な時間が必要です。

集中のリセットが起こる原因は、まずタスクとタスクとの間で、ひと息ついてしまうことが挙げられるでしょう。タスクとタスクの間で休憩するうちに、余計な情報に接したり、時間が空くことで、再び集中状態に戻すのに時間がかかるのです。

また、今のタスクから次のタスクに移る際に、思考の切り替えが必要になる点も見逃せません。

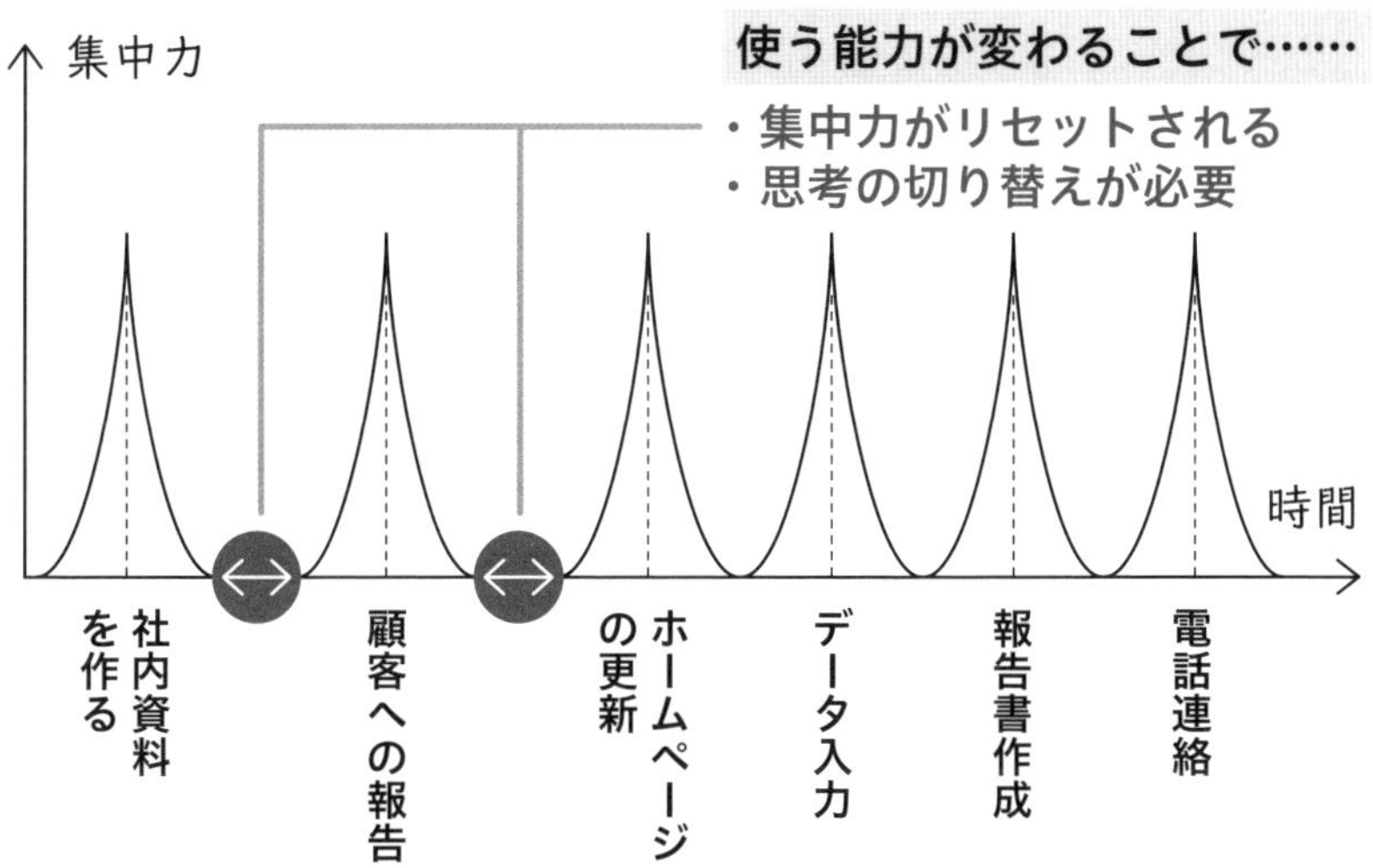
集中力
使う能力が変わることで……
・集中力がリセットされる
・思考の切り替えが必要
時間
社内資料を作る
顧客への報告
ホームページの更新
データ入力
報告書作成
電話連絡

異なる種類のタスク処理を続けると、効率がぐんと下がる

◆集中のリセットを防ぐためには

タスクが変われば、「使う能力」が変わります。

たとえば、私が今日の午前中に取り組んだタスクとして、役所に提出する書類の作成と書籍の執筆があります。役所に提出する書類を作成するときは、とにかくミスがないように、正確さを最大限に心がけます。一方で書籍の執筆は、正確さよりも創造力を発揮し、「とにかく頭の中にあるものを文章として形にする」ことが大切です。

このように**タスクによって使う能力が異なることで、思考の切り替えが必要**になります。結果として、集中がリセットされるのです。

ここから学びが得られます。**リセットを防ぐためには、思考の切り替えがなければよい（あるいは、少なければよい）**と言えます。つまり、使う能力が似ているタスクをまとめて処理すれば、思考の切り替えが最小限で済むのです。

◆タスクのグルーピング

思考の切り替えを減らすために、タスクを整理して、似ているタスクをまとめましょう。そしてタスク処理の順番を決める際は、まとめたタスクごとに固めるようにします。

たとえば、これから午後の仕事に着手するとして、やるべきことは次の7つがあります。

①取引先へのメール返信
②データ入力作業
③役所から戻った書類の整理
④ホームページの記事更新
⑤社内管理資料の作成・整理
⑥顧客に提出する報告書の製本作業
⑦顧客との電話打ち合わせ

これらを**「類似性のあるタスク・関連のあるタスク」ごとにまとめます。**

ここでは7つを「連絡タスク、パソコンタスク、書類タスク」に整理するのです。

①⑦は、誰かに必要な事項を伝える連絡に関するタスク（連絡タスク）。②と④は黙々とパソコンに向かうタスク（パソコンタスク）であり、③⑤⑥は紙にふれるタスク（書類タスク）です。

タスク処理の順番は、まとめたタスク群ごとにするのが合理的です。パソコンタスクの②をこなしたあとに連絡タスクの①をやって、またパソコンタスクの④をやって……となると、思考の切り替えが必要となり、集中がリセットされます。集中のリセットを防ぐために、**タスク処理は、まとめたタスク群ごとにする**のです。

たとえば「連絡タスクをこなす（①⑦）→パソコンタスクをこなす（②④）→書類タスクをこなす（③⑤⑥）」という順番です。

集中のリセットを招かないように、タスクをグルーピングし、まとめて取りかかりましょう。

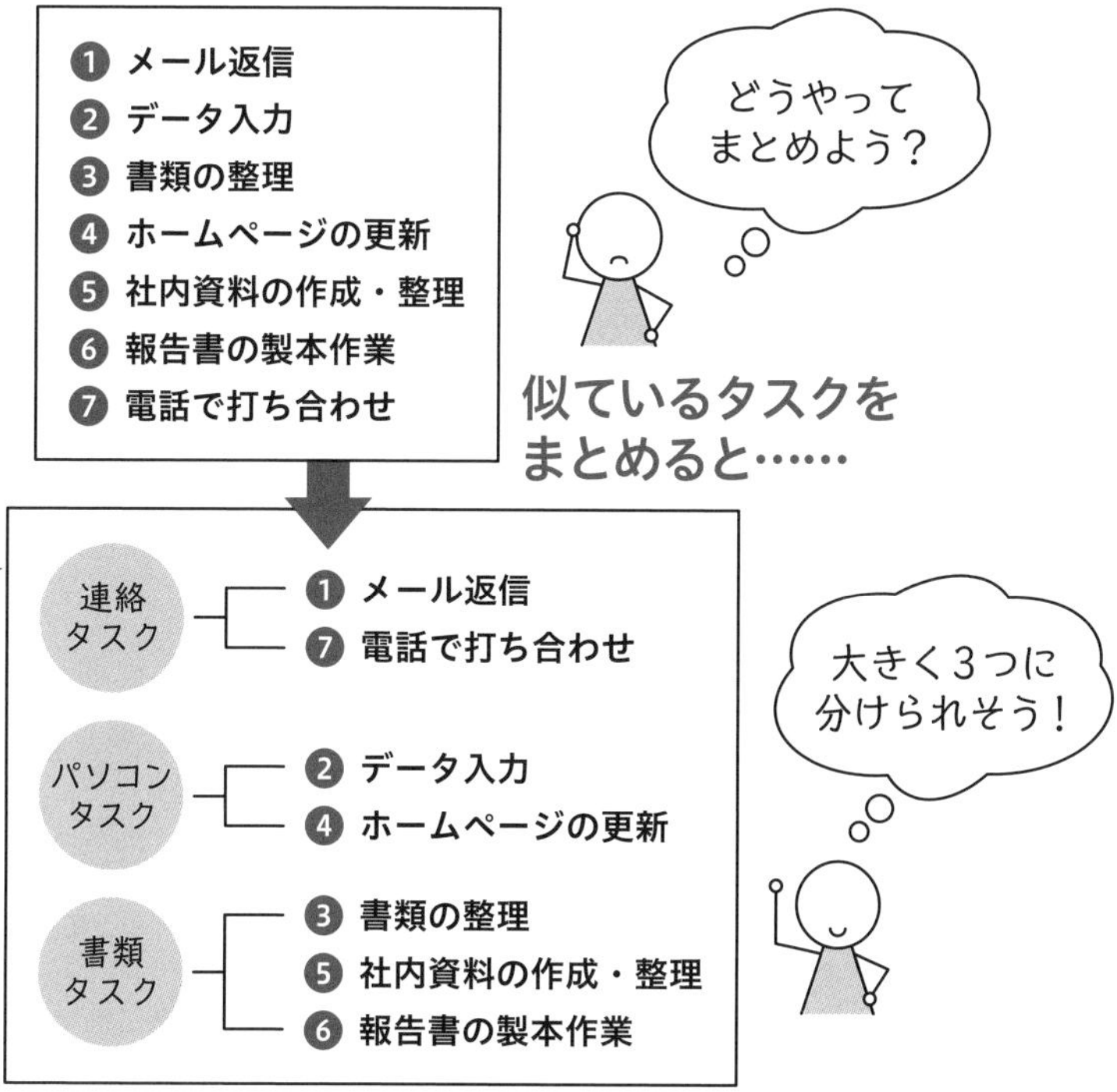

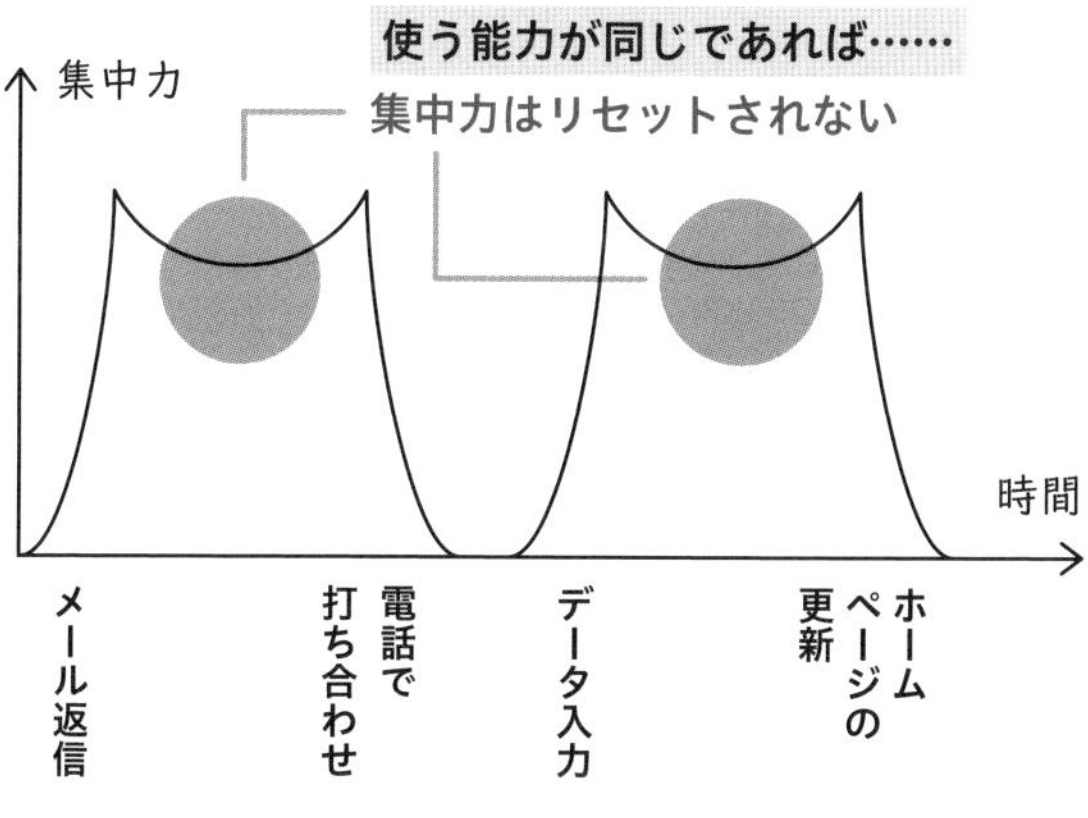

タスクをまとめると、集中力のリセット回数を減らせる！

column 2

とにかく「形から入る」

本章で強調した、「物理的に目の前に登場するタスクを一つにする」ことは、きわめて重要です。何度もふれている通り、頭の中で「一つに集中！」と思っても、実行に移すことができないからです。

これは何も、タスク処理だけの話ではありません。

たとえば、ダイエットをしたい人が頭の中で「やせよう、やせよう、食べてはいけない」と強く思ったとしても、ダイエットはうまくいきません。

食べる量を減らすためには、一例を挙げれば、家にあるお菓子をすべて捨てる、スーパーのスイーツコーナーには行かないなど、物理的に食べ物を遠ざけることが効果的です。

結局、意識するだけではなく、進みたい方向につながるように「環境」を整える、言い方を変えれば「形から入る」ことが大切なのです。

この本の中には、「形から入る」ための「形」がたくさん登場します。第２章で述べた「付せんでタスクを一列にする」だけではなく、砂時計・スタンディングデスクを使って集中を確保する、アイマスクや耳栓を使って、情報を入れないようにすることなどです。

日々のタスク処理において、目の前の一つに集中することが難しいと感じる方は、ぜひこの「形から入る」を意識してください。

Ａ４ファイルを積み上げたり、タスクを書いた付せんを重ねて貼ったり、砂時計を用意したり、このようなことからとにかく真似してみるのです。ノウハウというのは不思議なもので、形から入るうちに、自然と身につくものなのです。

第3章

一瞬で、深く、一つのタスクに集中する技術

Task Rule

10 すべてのタスクに「制限時間」を

◆集中できる状況を作る

この章以降では、ワンタスク戦略を加速する方法をお伝えします。第3章はずばりストレートに、一つのタスクに集中して取り組むための工夫についてです。まずは「集中せざるを得ない状況を利用」した集中法をお伝えしましょう。

集中せざるを得ない状況の典型的な場面、それは「期限が迫っているとき」です。会議の資料を午後1時までに提出しなければならないなど、期限が迫っている状況でこそ、目の前のやるべきことに一気に集中できます。集中してタスク処理に取り組むために、この期限を利用します。

「期限」の力を借りるべく、目の前のタスク処理に「制限時間」を用意するのです。これは、かなりおすすめです。

◆余裕のない制限時間

例を挙げましょう。たとえば私の執筆という仕事は、今日という1日においては、どのように原稿を書き進めてもよく、今日については期限というものは特にありません。ですが、原稿の執筆に取りかかる前に、**そのタスク処理（執筆）の目標と目標に到達するまでの時間を決めます。**「今日は2時間で1項目を書こう」と決めてから、タスク（執筆）に取りかかるのです。

制限時間を決める際のコツは、あまり余裕を持たせないということ。余裕のある制限時間では、集中をもたらす「制限時間」になりません。「今これに集中しなければ」と思える制限時間こそが、迫りくる期限として機能し、集中力を引き出すのです。

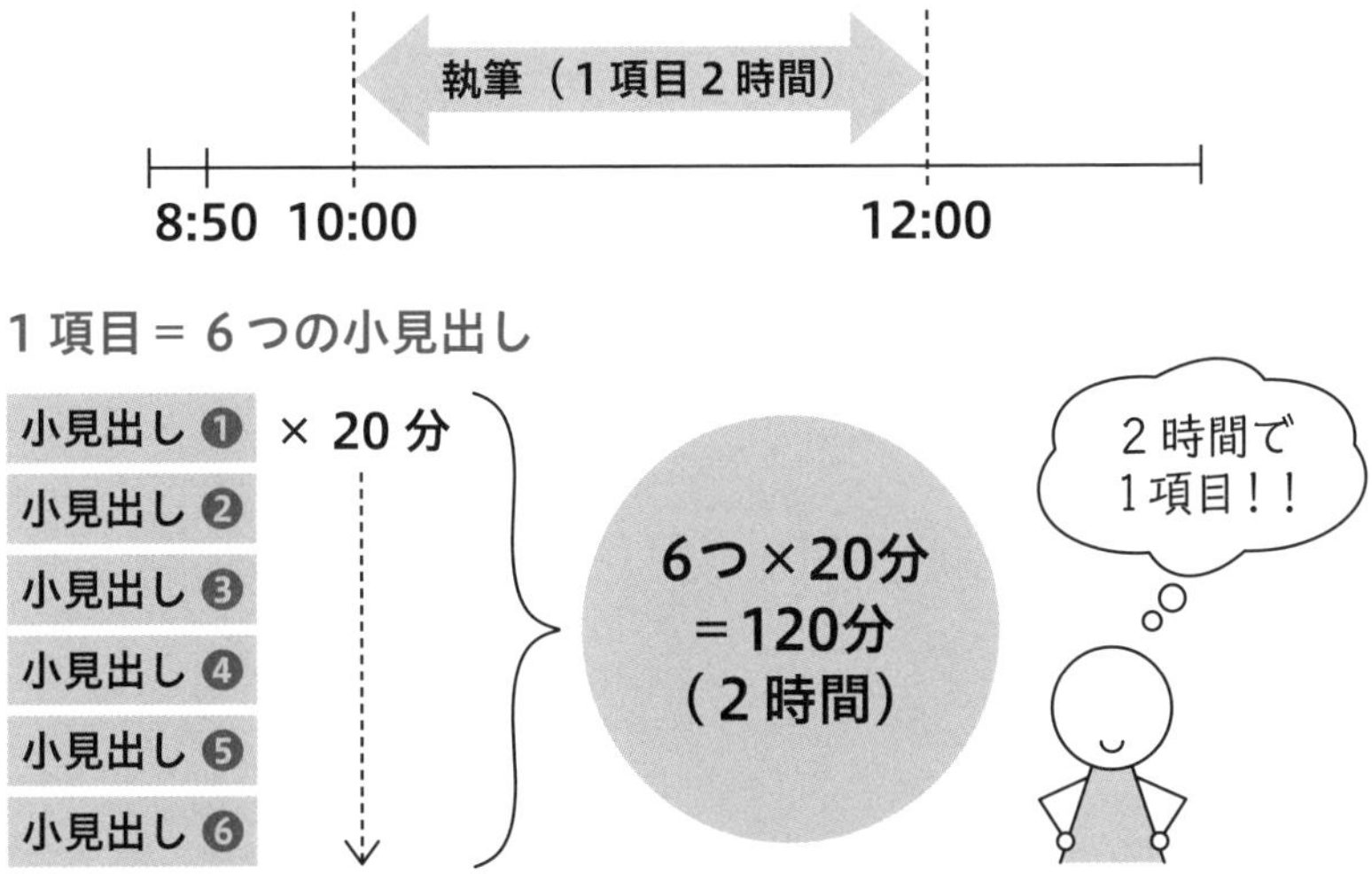
執筆（1項目2時間）
8:50
10:00
12:00
1項目＝6つの小見出し
小見出し❶
小見出し❷
小見出し❸
小見出し❹
小見出し❺
小見出し❻
×20分
6つ×20分
＝120分
（2時間）
2時間で
1項目！！

大きな目標は、小さな目標に分解して取り組む

◆制限時間は、作業ごとに細かく設定

制限時間は、タスクごとに設定するだけではなく、一つのタスクを構成する各作業においてもそれぞれ設定するべきです。**タスクは、それを構成する各作業に細分化して、それぞれの作業に、それぞれの制限時間を用意する**のです。

先ほどの執筆であれば、こういうことです。

「1項目を2時間で書く」と決めたとすれば、これはタスクに対する制限時間の設定です。

一方で、「1項目」が6個の小見出しで構成されているとしたら、「各小見出しについて20分で書き上げる」と決める。これが、タスクを作業ごとに細かくした上での制限時間の設定です。

作業ごとに制限時間があれば、各作業に意識が向かい、集中しやすくなります。**大きな目標は、小さな目標の集合体だととらえ、小さな目標の一つひとつに集中してタスクを片づける**のです。

◆制限時間は徐々に厳しくする

制限時間を決める際は、あまり余裕のある制限時間ではダメだと述べました。なぜなら、「余裕のない制限時間」だからこそ、集中することができるためです。

一方で、当初は「余裕のない制限時間」だったものが、集中の状態によって「余裕のある制限時間」に変わることがあります。そんなときは、要注意です。

たとえば私の執筆というタスクですが、途中から「乗ってくる」という状態になります。デスクに向かった当初は「何を書こうか」と迷っていても、いざ書き始めるとどんどんアイデアが湧き出し、筆（というかキーボードを叩く手）が止まらなくなるのです。あなたもタスクに取り組んでいるうちに、集中がどんどん深く、そして鋭くなることがあるでしょう。一点集中を志す私たちとしては、これは理想的な姿です。

問題なのは、余裕のないように設定していた制限時間が、乗ってくることで余裕のある（制限時間として機能しない）制限時間に変わることです。**余裕のある制限時間を、余裕のない制限時間に置き換えるべく、各作業の制限時間は作業中でもどんどん厳しく再設定**しましょう。

たとえば執筆タスクにおいて、当初「この小見出しは20分で書き上げる」と決めました。集中が深くなり、作業がはかどる状態になったら、「20分」という制限時間を、「17分」「15分」というように、集中の度合いに合わせて徐々に厳しくするのです。

制限時間を定める目的は「今、これをするしかない」という状態を自ら作り出すことにあります。その時々の状況に合わせた厳しめの制限時間を定めることで、その期限を強く意識するようになり、自然と集中できるようになります。制限時間の力を借りて、タスクに集中して取り組みましょう。

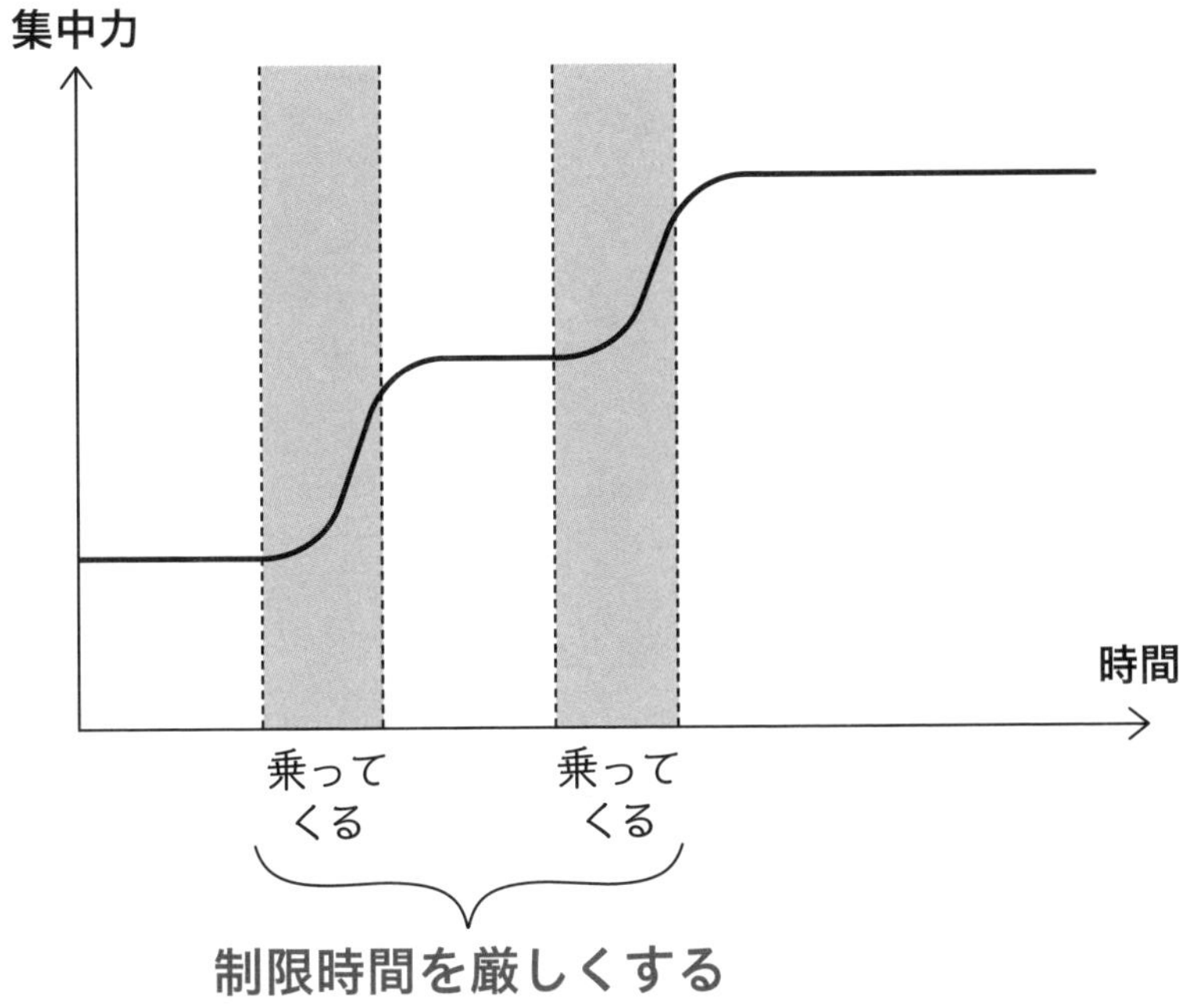

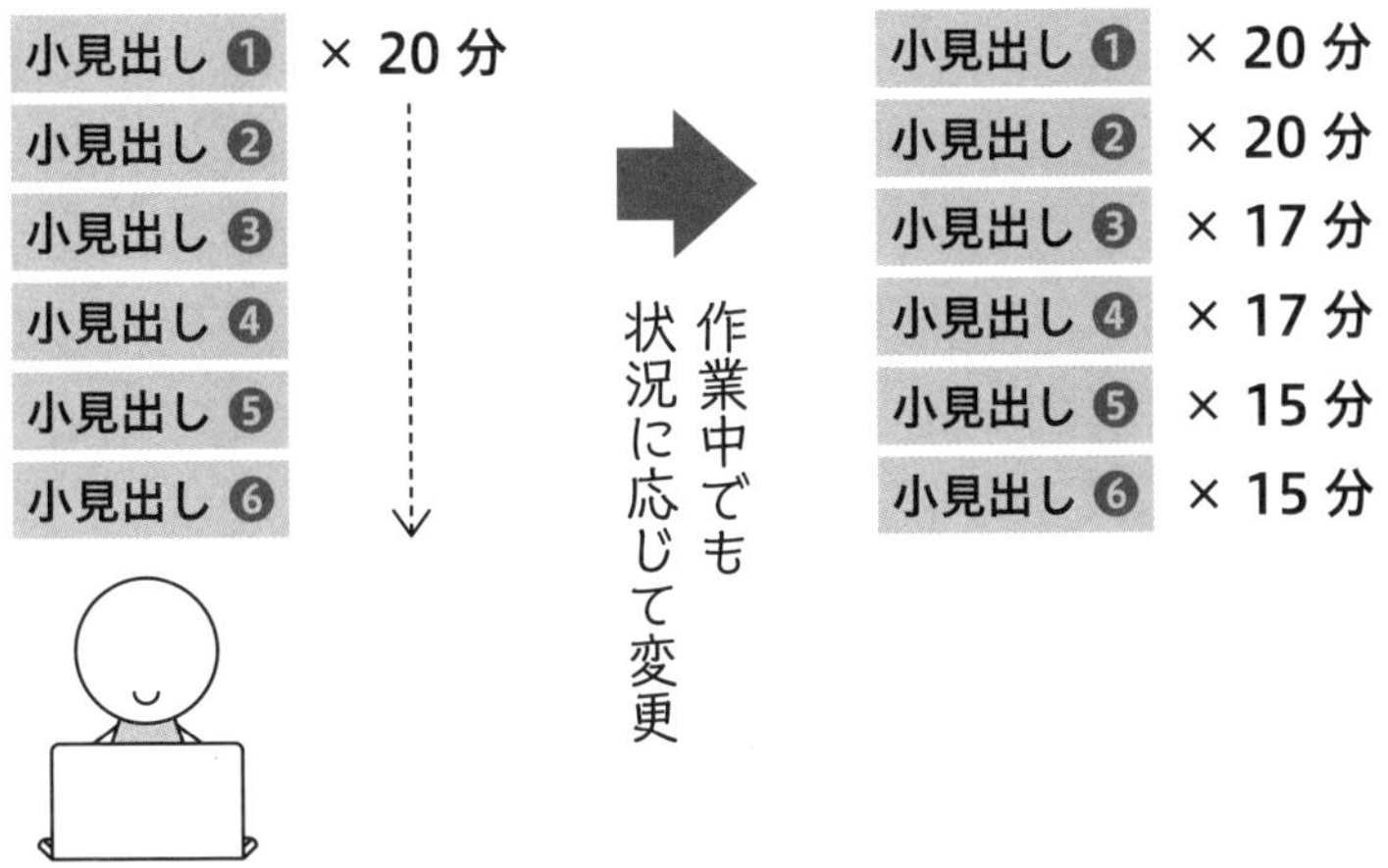

集中力が高まるにつれ、制限時間を厳しくする

11 制限時間を可視化する

◆視覚に入らないものは意識しづらい

何事もそうですが、視界に入るもののほうが、視界に入らないものよりも意識しやすいものです。この特性を利用して、営業部のオフィスに「今月目標：新規受注○○件」というスローガンが貼ってあるのも、納得できるでしょう。

話をタスク処理に戻します。タスクを処理する際に「制限時間」を設けても、それが視界に入らなければ、やはり意識しにくいもの。「制限時間」という本来は目に見えないものも、何らかの方法で可視化することができるのなら、可視化したほうがよいのです。

制限時間を可視化するといえば、ストップウォッチを利用するのが一般的ですが、じつはもっとよいものがあります。

◆制限時間は「砂時計」で管理

以前の私はストップウォッチを使っていた時期もありましたが、おすすめはストップウォッチではなく、アナログの「砂時計」です。

ストップウォッチよりも砂時計のほうが優れているのは、残り時間を把握するにあたり、**砂時計であれば「思考の中断」が起こりにくい**ためです。

残り時間を示す際、ストップウォッチはそれを文字情報として示すのに対して、砂時計は「絵」として示してくれます。残り時間を確認するにあたり、ストップウォッチで（つまり文字情報で）確認しようとすると、「あと○分だな」と頭の中で残り時間をカウントする必要が生じます。それに対して砂時計で（つまり絵で）残り時間を把握すると、思考が途切れることはないのです。

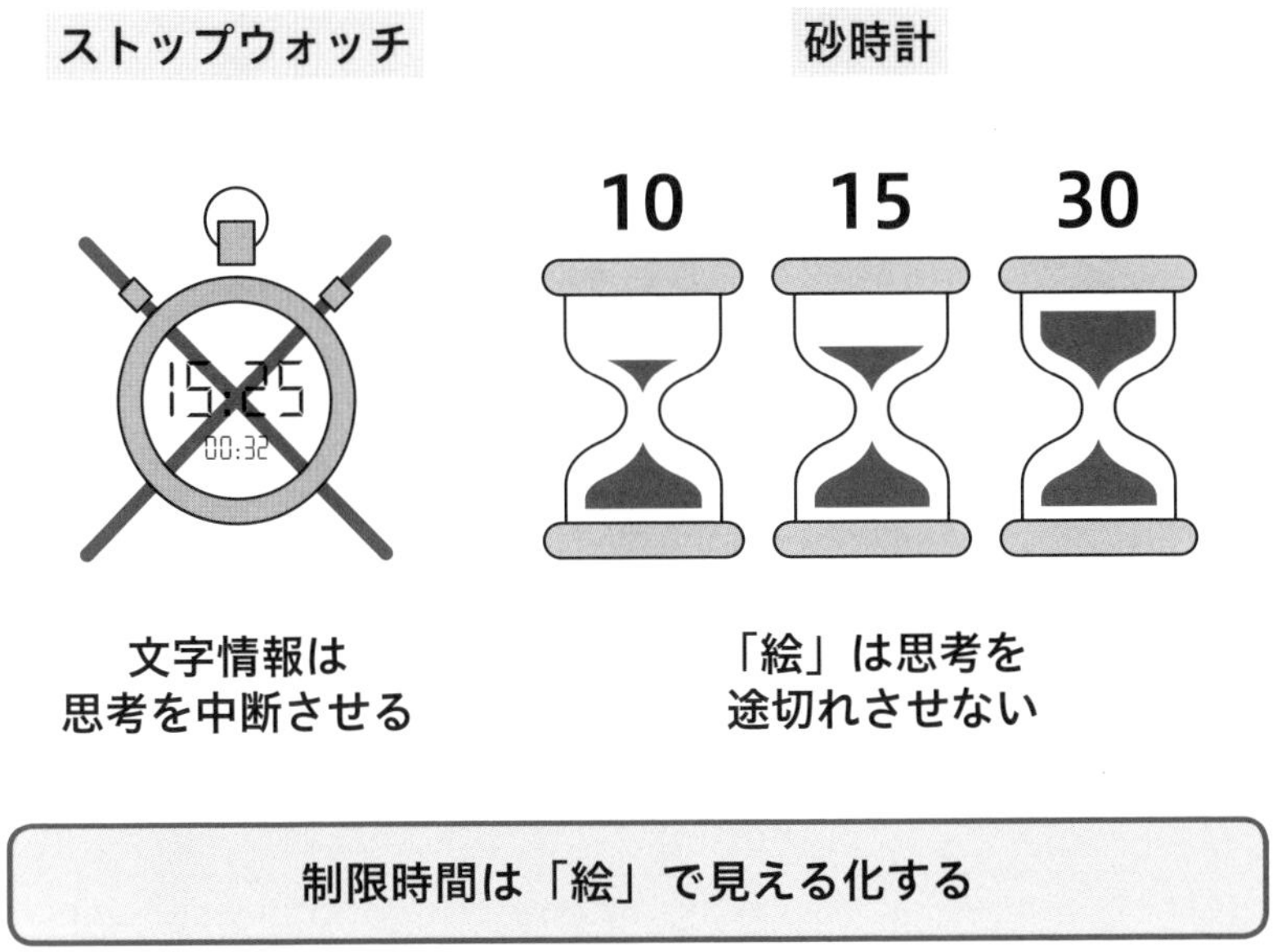
ストップウォッチ
15:25
00:32
文字情報は
思考を中断させる
砂時計
10
15
30
「絵」は思考を
途切れさせない
制限時間は「絵」で見える化する

◆アマゾンで買える砂時計セット

おすすめは「ミニ砂時計セット」です。私が今使っているものは、アマゾンで購入したもので、1分、3分、5分、10分、15分、30分の小さめの砂時計のセットです。

人によるでしょうが、私がよく使うのは10分、15分、30分です。1分の砂時計などはほとんど使わないため、箱にしまったままにしています。自分がよく使うものだけでも構わないので、**デスクに各砂時計を用意し、タスク処理の際に、砂時計で制限時間を見える化**しましょう。

たとえば、前述したように私はタスクをグルーピングします。連絡タスクとして、いただいたメールに一斉に返信をしますが、一つの返信についての制限時間は3分か5分と決めます。3分で返せる内容のメールの場合には3分砂時計、5分の場合は5分砂時計を瞬時に使うのです。

◆砂時計は見える位置に置く

砂時計でタスク処理の効率を最大化させるために、**砂時計はデスクの「視界に入る場所」に置いておきます。**これは、視界に入ることで時間を常に意識できるようになるためです。

私の場合は、デスクに置いてあるキーボードとパソコンモニターの間に、タスク（またはタスクを構成する各作業）の制限時間を示す砂時計を置きます。

連絡タスクで3分砂時計を使う際は、3分砂時計を目の前に置き、それ以外の砂時計は横に（なるべく視界に入らない位置に）置いておくのです。

砂時計をセットしたら、頭の中で制限時間をもう一度確認した上で、作業に取りかかりましょう。砂時計をセットし、「はい、これは3分」「はい、これは5分」と意識してからその作業に取りかかることができれば、制限時間内に各作業を終わらせることができるようになります。

◆制限時間内にできなかったら

砂時計を使って制限時間を管理したところで、制限時間内に作業をこなせないことがあります。

大切なのは、**作業を時間内にこなせない原因について、少しでもいいので考えてみる**こと。

作業の途中で顧客から電話があった場合などは仕方ありませんが、そうではない場合、制限時間内で作業を終わらせられなかった原因がどこにあるのかを探ることが、大切なのです。

原因がわかれば、対策を立てることができます。

余計なものが目に入って思考が遮られたのなら、余計なものを極力視界に入らないようにする工夫が有効だと言えます。何気なくスマートフォン（以下、スマホ）にふれたことで集中が途切れたのなら、スマホをどこかに移すことが有効です。

このように、砂時計で制限時間を見える化すれば、集中力を鍛えることが可能になるのです。

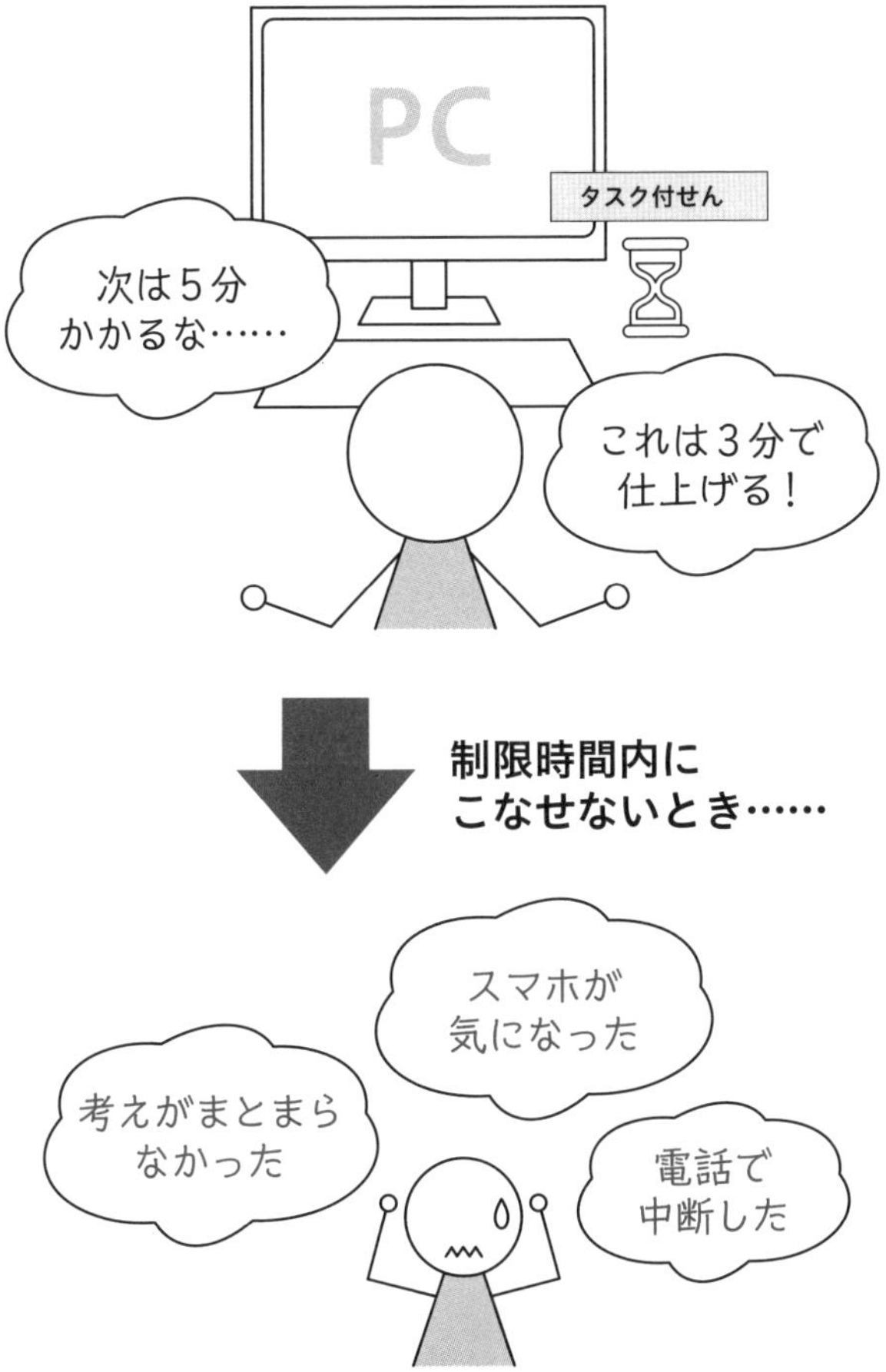

・スマホはバッグに入れる
・電話に出ない時間を決める
・難しい案件では無理な時間設定をしない

制限時間の見える化は「集中力アップ」と
「できていない事柄の原因の明確化」につながる

Task Rule

12

「儀式」を用いて集中する

◆複数の事柄が頭をよぎるとき

複数のタスクを抱えている忙しいときほど、複数の事柄が頭をよぎるもの。「あの報告書はここまでできているな」「○○までに会議の資料をまとめないといけない」「顧客への業務の進捗報告をしないといけない」というように、いくつもの思考が頭を占拠して、何から手をつけていけばよいか、わからなくなるときがあるでしょう。

複数の思考が頭をよぎったら、**目の前のタスク以外の思考は頭から追い出さなければなりません。**

何度もふれているように、同時に複数のことを考えるのは、そもそも無理だからです。

余計な思考を追い出して、目の前のタスクに意識を一瞬で集中するために、私はいくつかの「あること」をしています。

◆複数の思考を一つに絞る法

その「あること」でよくするのは、**目を閉じて両手で頬をペチッと叩く**こと。ただこれだけのことですが、余計な思考を中断する効果があります。

また、ほかには**頭を軽く振って「よしっ！」と声に出す**こともあります。さらには、これから取り組むタスクに関係する**資料を指さして「これ！」**と言ったりもします。

単純なことですが、これらの行動が、私に一瞬で集中を与えてくれるのです。

これらの行動は、私にとって余計な思考を振り切るための「儀式」です。儀式によって、複数の思考を一つに絞り、目の前のタスク処理に集中するのです。

資料を指でさす　　頭を軽く振る　　目を閉じて頬を叩く

・集中のための儀式を決める
・儀式は「行為」を伴うものにする

体からの合図でタスクに集中

◆ワンタスクを加速する「儀式」の決め方

余計な思考を追い出すための「儀式」は、その決め方にコツがあります。

そのコツとは、必ず何らかの「行為（動き）」が伴うものであるということ。目を閉じて頬を叩く、頭を軽く振って「よしっ！」と声に出す、指で資料をさして「これ！」とつぶやく。いずれも「行為（動き）」が伴っているのです。

具体的な行為を取り入れていただきたい理由は、思考だけで（余計な）思考を追い出すことは難しいから。

頭の中だけで「今度はこれに集中しよう」と考えたところで、なかなか集中することはできません。**頭だけではなく、体からの合図をも取り入れる**ことで、思考を目の前のタスクに集中させるのです。

具体的な行為を「儀式」としてあらかじめ用意しておき、タスク処理で試してみてください。

◆「儀式」を使い分ける

「儀式」は、場面によって使い分けてこそ、日々のタスク処理で使うことができます。

たとえばオフィスで仕事をしているときに集中のための儀式を行おうにも、やはり他人の目というものがあるでしょう。毎回毎回、頬を両手で叩いていたら、隣の席の人に、変なクセがある人だなと思われてしまいます。

また、声が出せない静かな環境でタスク処理をする場面だってあるでしょう。静かな環境で「よしっ！」「これ！」などと言うことはできないはずです。

このように、場面によって使いやすい儀式、使いにくい儀式があります。

場面によって儀式を使い分けることができるように、**それぞれの環境で利用しやすい儀式を、あらかじめ複数個決めておきましょう。**

◆各タスクに応じた儀式

ほかの人がいるオフィスの固定席で仕事する方であれば、ほかの人が気にならない儀式、つまり身振り手振りが小さく、声に出さない儀式がよいと言えます。

たとえば、目を閉じて両手でこめかみを軽く押して心の中で「集中」とつぶやく。これであれば周囲もあなたの行為を気にすることはないのです。

声に出すことが問題にならない空間で仕事をしている方は、儀式は**「声出し」に重きを置くとよい**でしょう。「集中！　集中！　集中！」と3回つぶやいてから作業に着手するのは単純ですが、効果があります。

結局のところ、自分のタスク処理の環境に合わせて、いくつかの儀式を用意してほしいのです。儀式は一つとは限らず、やりやすい場面で、やりやすい行為を儀式として行えばよいのです。

オフィスでは声に出さない儀式

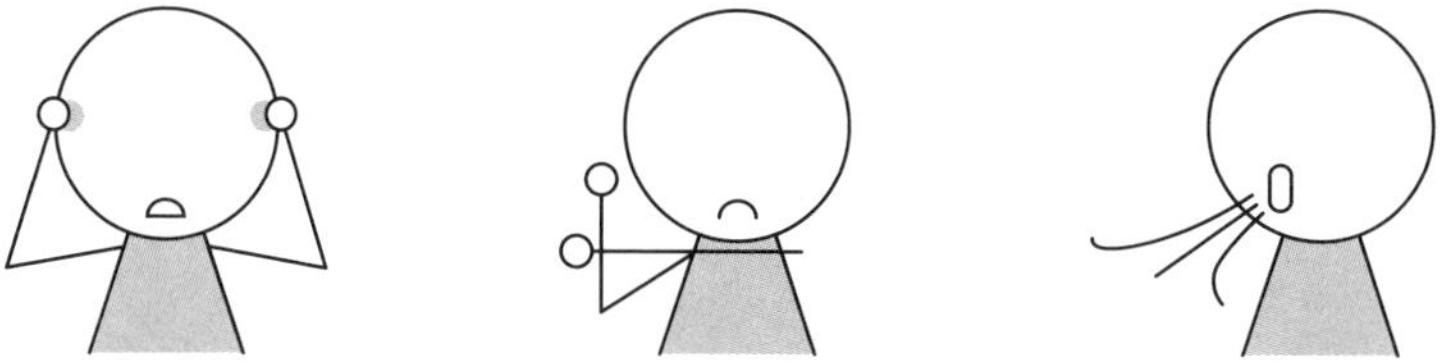

こめかみを
軽く押す

腕のストレッチ

1分間ゆっくり
呼吸

声に出してもいい空間での儀式

しっかり
つぶやく

体を動かしながら
声を出す

自分の儀式を使い分けて、集中力を高める

Task Rule

13

「余計な思考」を追い出す

◆余計な思考がとにかく邪魔

目の前のタスクに集中するためには、「余計な思考」を追い出さなければいけないというお話をしました。複数のタスク（それも目の前のタスクと無関係のタスク）のことが頭をよぎっていると、一点集中などできないためです。

余計な思考を追い出すために「儀式」を用意することは大切ですが、それだけでは足りません。「儀式」と並行して用いてほしい、余計な思考を追い出す簡単な方法があるのです。特に大事なタスクに取り組む前に、私がしている方法をここでご紹介します。

その方法を正しくご理解いただくために、余計な思考が頭をよぎる原因についてふれます。原因は、大きく分けて二つあるのです。

◆余計な思考はどこからやってくるのか

余計な思考が生じる原因の一つ目は、単純に疲れているということ。当たり前ですが、疲れをためないことが大切です。

二つ目は、「余計な情報が頭にあること」です。目の前のタスク以外の余計な情報が頭にあることで、思考がそちらに奪われてしまいます。

このような事情から余計な思考が生まれ、それが集中の妨げになります。なんとかして余計な思考を頭から追い出し、頭の中をまっさらにして目の前のタスクに取りかからなければいけません。

ここで解説するのは、二つ目の原因への対処法です。「余計な思考」のもとになる余計な情報自体を頭から追い出し、**頭を空っぽにしてから目の前のタスクに向かい合う**、これが大切なのです。

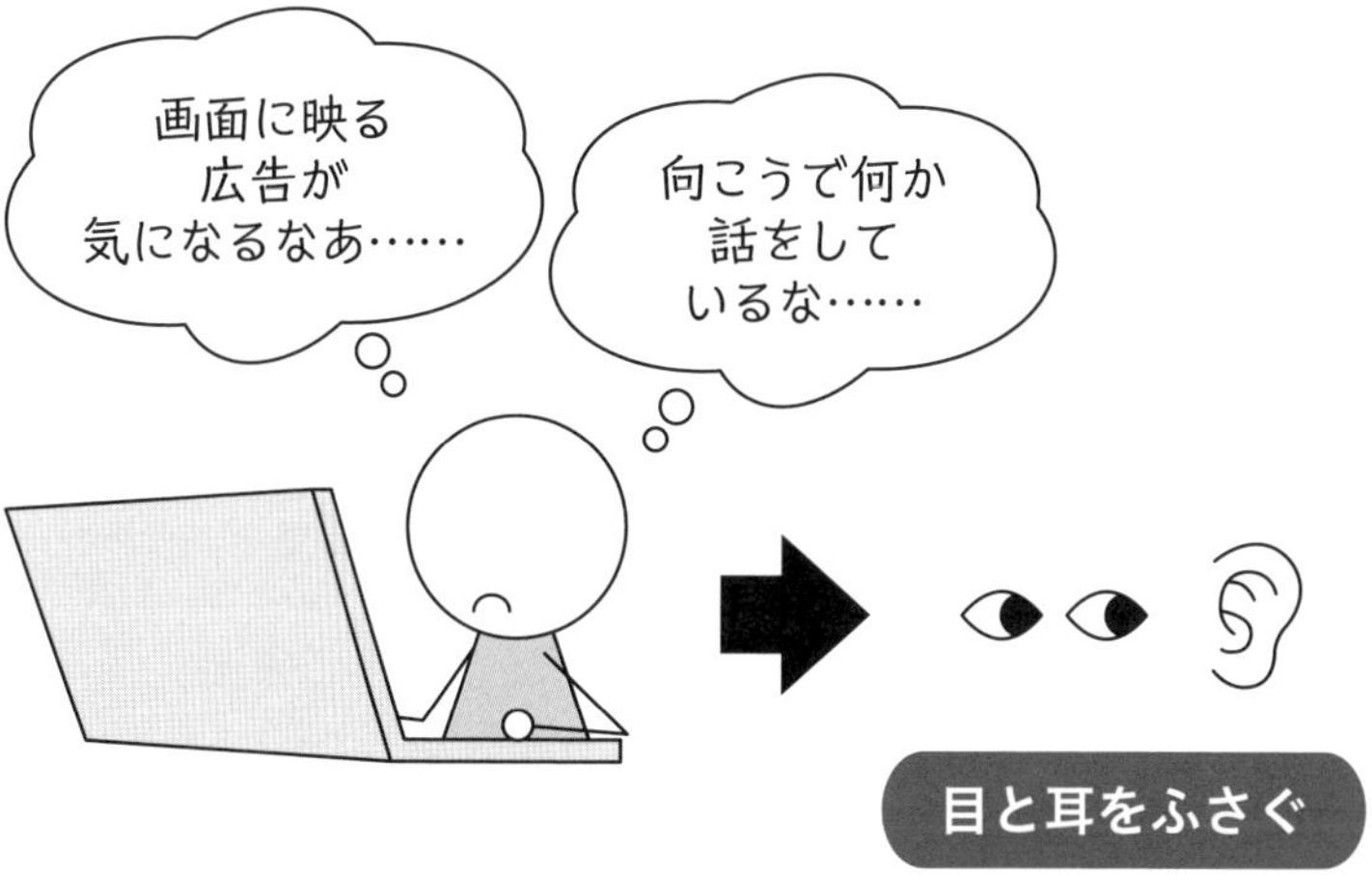
画面に映る
広告が
気になるなあ……
向こうで何か
話をして
いるな……
目と耳をふさぐ

余計な思考のもとになる情報を入れない

◆新たな情報の流入を阻止する

「余計な思考」のもとになる余計な情報を消すためには、そもそも新たな情報をインプットしてはいけません。**新たな情報の流入を遮断し、頭の中の余計な情報を追い出すことが必要**なのです。

情報の流入といえば、情報は五感からもたらされます。五感の中で、視覚（目）と聴覚（耳）から情報を得ることが特に多いと知られています。ある見解によると、人間が得る情報の約8割が視覚からのもので、約1割が聴覚からのもの。

新たな情報を入れないようにするためには、この視覚と聴覚をコントロールすることが肝心です。目と耳をふさぐことで、情報流入の9割を押さえられるからです。

目と耳からの情報流入を阻止することは、さほど難しくありません。職場にいても、それは可能です。

◆目を閉じて、耳をふさぐ

まずは、単純に目を閉じましょう。

次に、耳をふさぎます。簡単なのは**ヘッドホンやイヤホンを使う**ことです。職場の会話なども余計な思考をもたらす余計な情報になるため、ヘッドホンやイヤホンで音楽を流してほしいのです。

音楽は、海の音などを収録した「意味を持たない」ヒーリング音楽をおすすめします。歌詞のある通常の音楽では、それ自体が余計な情報になる可能性が高いからです。

このようにして、目を閉じて耳をふさぐことを3分くらい続けてください。このとき**何も考えないようにすることで、余計な情報を追い出し、頭を空っぽにする**のです。

頭を空っぽにできたら、次はこれから取り組むタスクのことを考えます。進捗を思い出し、今日のタスク処理の進め方を思い浮かべます。

◆情報の遮断を徹底する

他人の目が気にならない人は、目を閉じて耳をふさぐときに、**アイマスクと耳栓を使う**ことをおすすめします。

アイマスクと耳栓を使えば、新たな情報が入らなくなる以上の効果があります。目と耳に物理的な圧迫感を加え、それを習慣にすれば、アイマスクと耳栓を使ったときは集中しなければいけないときなのだ、と体が覚えるようになります。アイマスクと耳栓の圧迫感を合図として、集中モードに入りやすくなるのです。

ところで、忙しいときは頭を空っぽにするための数分間も惜しくなるのかもしれません。

しかし数分間の行為で、その後の1時間や2時間を集中して過ごせることを考えると、これは非常にコストパフォーマンスのよい行為です。ぜひ試してみてください。

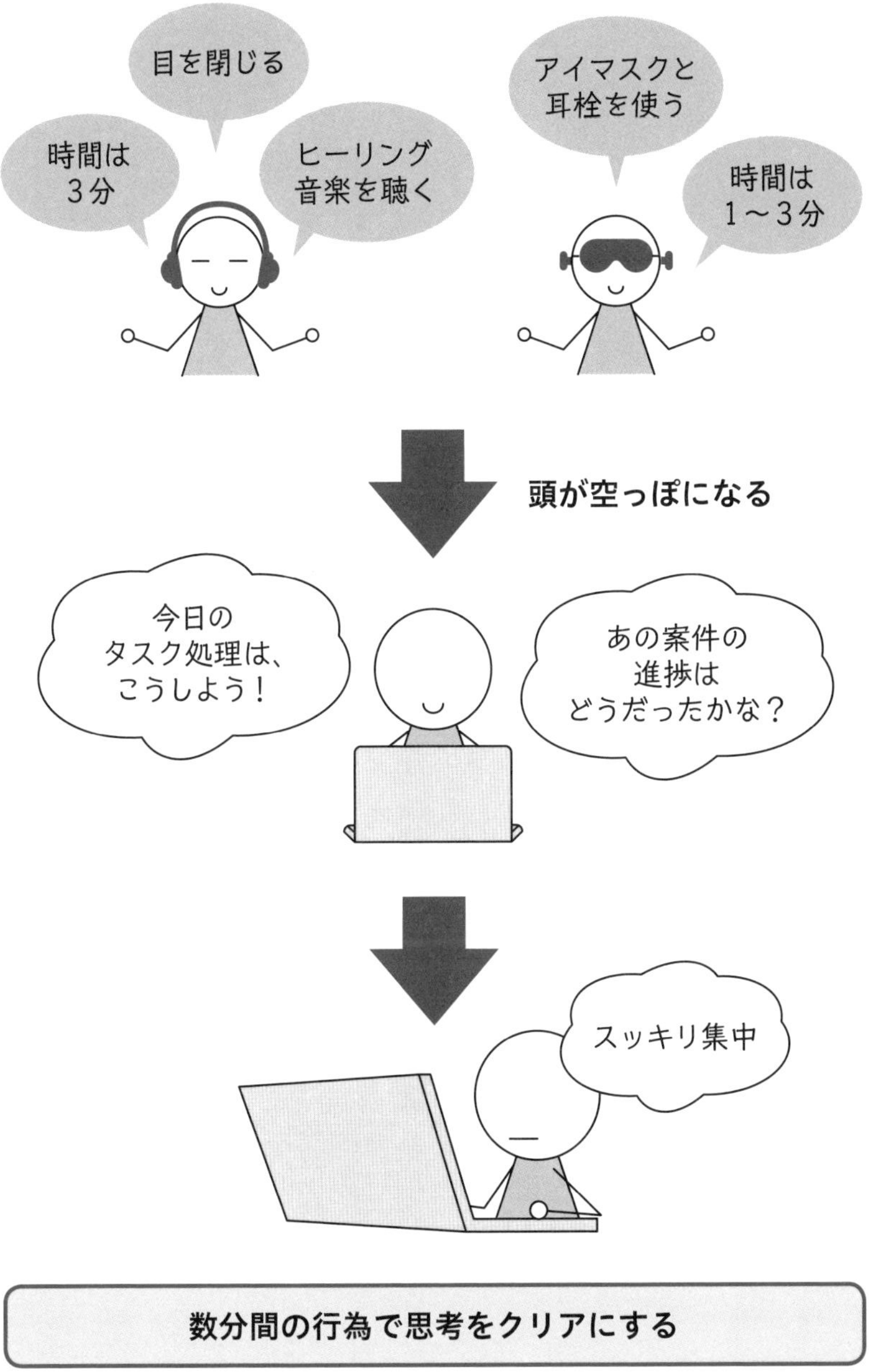
時間は
3分
目を閉じる
ヒーリング
音楽を聴く
アイマスクと
耳栓を使う
時間は
1〜3分
頭が空っぽになる
今日の
タスク処理は、
こうしよう！
あの案件の
進捗は
どうだったかな？
スッキリ集中
数分間の行為で思考をクリアにする

14 タスクを細分化して、とにかく始める

◆「やっているうちに乗ってくる」の法則

話は変わりますが、タスク処理において、取り組む前が一番億劫だと感じないでしょうか。いざ始めたら意外と集中でき、タスク処理もスムーズに進めることができることがあるのです。

そうです。何事も、「やっているうちに乗ってくる」というもの。**集中は「やる」、つまり行動が伴えば、自然と得ることができる**ものです。

タスク処理に、とにかく着手することが大切だと言えます。「やろう」と意識するだけで終わらせず、「やる」という行動が大切なのです。

問題は、行動に移すのが面倒だと感じ、なかなか行動に移せないこと。一瞬で一つのタスクに集中するためには、「やる」という行動のハードルを下げる工夫が必要なのです。

◆タスク処理を始めるための工夫

ここで、「やる」という行動に移すことを簡単にする工夫をいくつかご紹介します。ここでも、意識するだけでは足りないのです。

一つ目の工夫。**次に着手するタスクに関する資料を、「あらかじめ決めた場所」に置くこと。**そして目の前のタスクが終わったら、すぐにその決めた場所に置いた資料を手に取るということ。

私の場合であれば、キャビネットの一番上の引き出しが「あらかじめ決めた場所」です。目の前のタスク処理が終わったら、毎回、一番上の引き出しをあけて、次のタスクの資料を取り出しています。この動作を習慣にすることで、機械的に(つまり何も考えずに)次のタスクに移行できるようにしているのです。

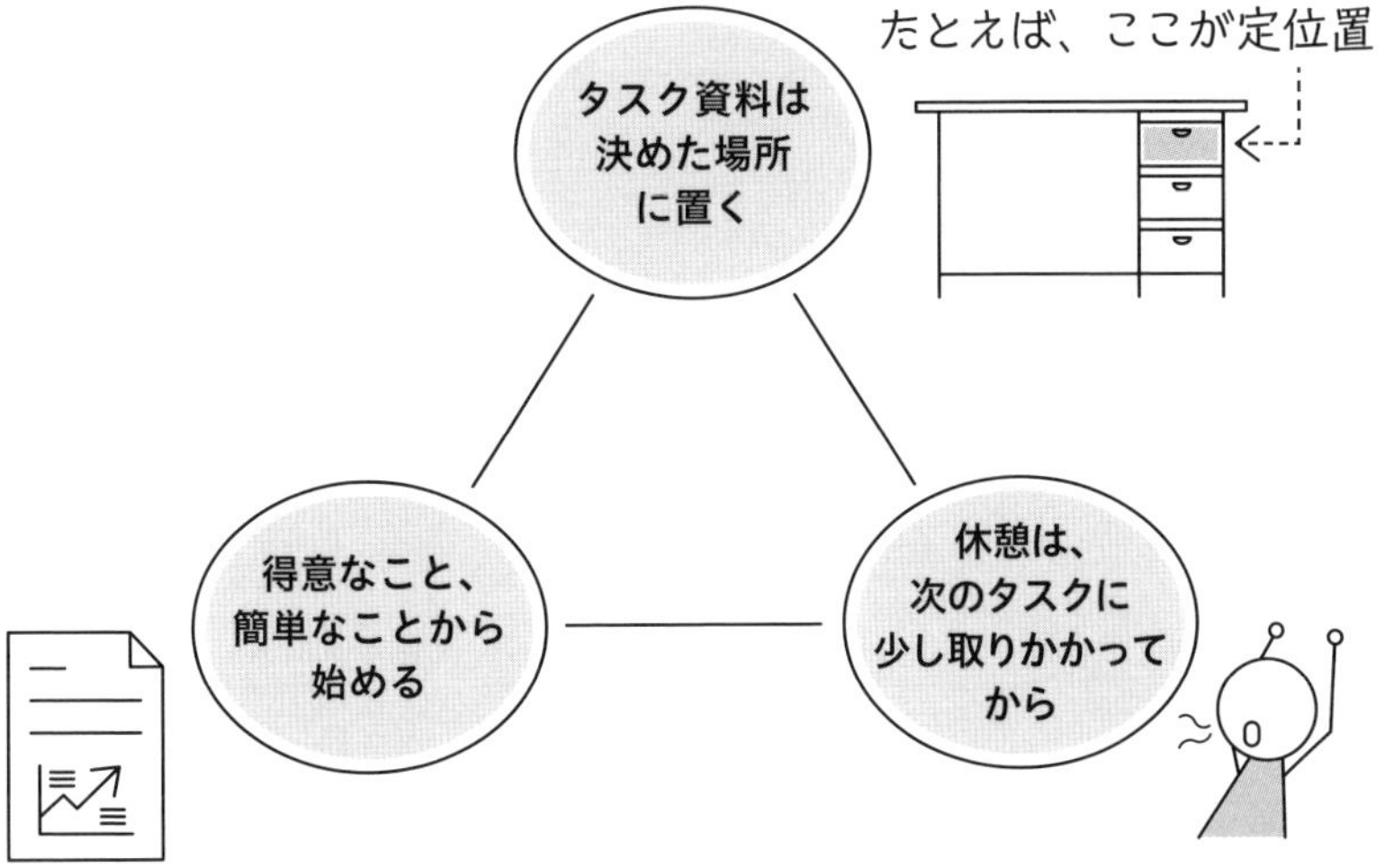
たとえば、ここが定位置
タスク資料は決めた場所に置く
得意なこと、簡単なことから始める
休憩は、次のタスクに少し取りかかってから

タスクをスムーズに始めるための3つのコツ

二つ目の工夫。目の前のタスクが終わり、休憩したいときでも、次のタスク処理に少しだけ取りかかっておくということ。タスクが終わり、**次のタスクに「少しだけ」取りかかってから休憩する**のです。

休憩自体は悪くありませんが、タスクとタスクの間に休憩を取ると、次のタスクに取りかかることが億劫になるもの。休憩から戻ってすぐに集中するためには、「もう、すでに取りかかっている」という状態が望ましいのです。

三つ目の工夫。それは、**得意なこと・簡単なことから着手する**ということ。

得意なこと・簡単なことは、苦手なこと・難しいことに比べ、「やる」という行動に移すための心理的なハードルは低いと言えます。「やっているうちに乗ってくる」の法則によれば、行動が集中をもたらすのですから、やりやすいことを集中のための「ダシ」に使うというわけです。

◆タスクは細分化する

得意なこと・簡単なことから始めることは、非常に効果があります。

タスクのうちに得意なこと・簡単なことを見つけるためには、やはり「タスクの細分化」が必要です。**タスクを構成する各作業を明らかにして、やりやすいこと（つまり得意なこと・簡単なこと）を明らかにする**のです。

たとえば、パソコンで会議の資料を作るタスクの場面。そのタスクを構成するのは、文章を書くこと、図を作成して挿入すること、表に数値を入力することなどの各作業であり、一連の作業の集合体が「資料を作るタスク」なのです。

「とりあえずやる」を実現するために、このように、タスクを各作業に細分化してください。この細分化作業は、それ自体が目的ではないため、頭の中で短時間で行いましょう。

◆簡単な作業を見つけるコツ

タスクを構成する作業で、簡単なことを探す際は、まずは**「事務的な作業・思考が不要な作業」を探す**ことをおすすめします。

上記のパソコンで資料を作るタスクであれば、「表に数値を入力する」作業が、事務的な作業であり、やりやすいことに当たります。

たとえば、作る資料が文章から始まるものだとしても、表への入力から着手するのです。入力であれば手を動かせばできるため、やりやすい作業なのです。

また、思考が不要な作業も簡単です。

たとえば、複数の顧客や同僚へのメール連絡をまとめて処理する際は、単純な伝達事項のものから処理していきます。「今日の打ち合わせは○時になりました」という内容であれば、思考は不要であり、簡単な作業です。

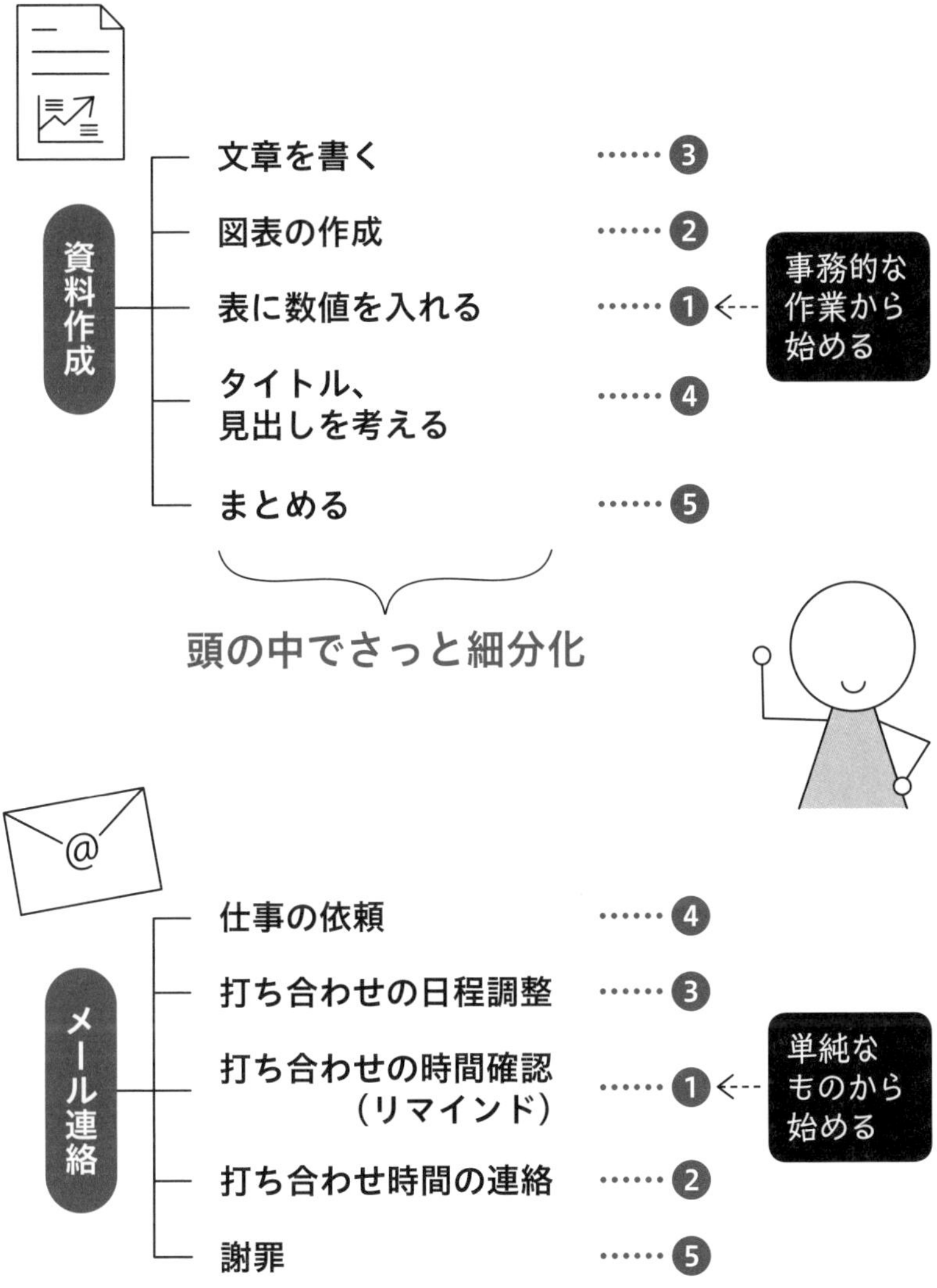

タスクを細分化して、やりやすいことから着手する

15 時間を小分けにし、「今」に集中

◆ぶっ通しのタスク処理では集中できない

「細分化」という発想は、一つ処理するのに2〜3時間かかる「長時間タスク」で有効です。

そもそも時間のかかるタスクは、重要であることが多いため、集中して取り組みたいものです。しかし、長時間タスクとなると、頭も体も疲れてしまい、なかなか集中することができません。疲労こそが、集中の最大の敵とも言えます。

長時間タスクに集中して取り組むために、時間を細分化（小分けに）します。**長時間タスクを、「短時間タスク×複数」だと認識し直す**のです。

具体的には2時間以上の長時間タスクは、時間を小分けにして取り組みましょう。時間を小分けにし、疲れる前に休むようにし、集中できるようにするのです。

◆長距離1セットを短距離3セットに

たとえば2時間以上の長時間タスクに取り組む場合は、2時間で1セットではなく、40分3セットに分けます。「40分の作業↓3分休憩↓40分の作業↓3分休憩……」という要領でタスクを処理するのです。

コツは、**疲れることを予測し、疲れる前に（疲れてからではありません！）休憩をはさむ**ことです。一度「疲れた」という状態になってしまうと、集中できる状態に回復するのに時間がかかるためです。

短時間タスクの間の数分間の休憩は、目を閉じて過ごすなど、なるべく余計な情報を入れないようにして休んでください。休憩方法については、詳しくは112ページでご紹介します。

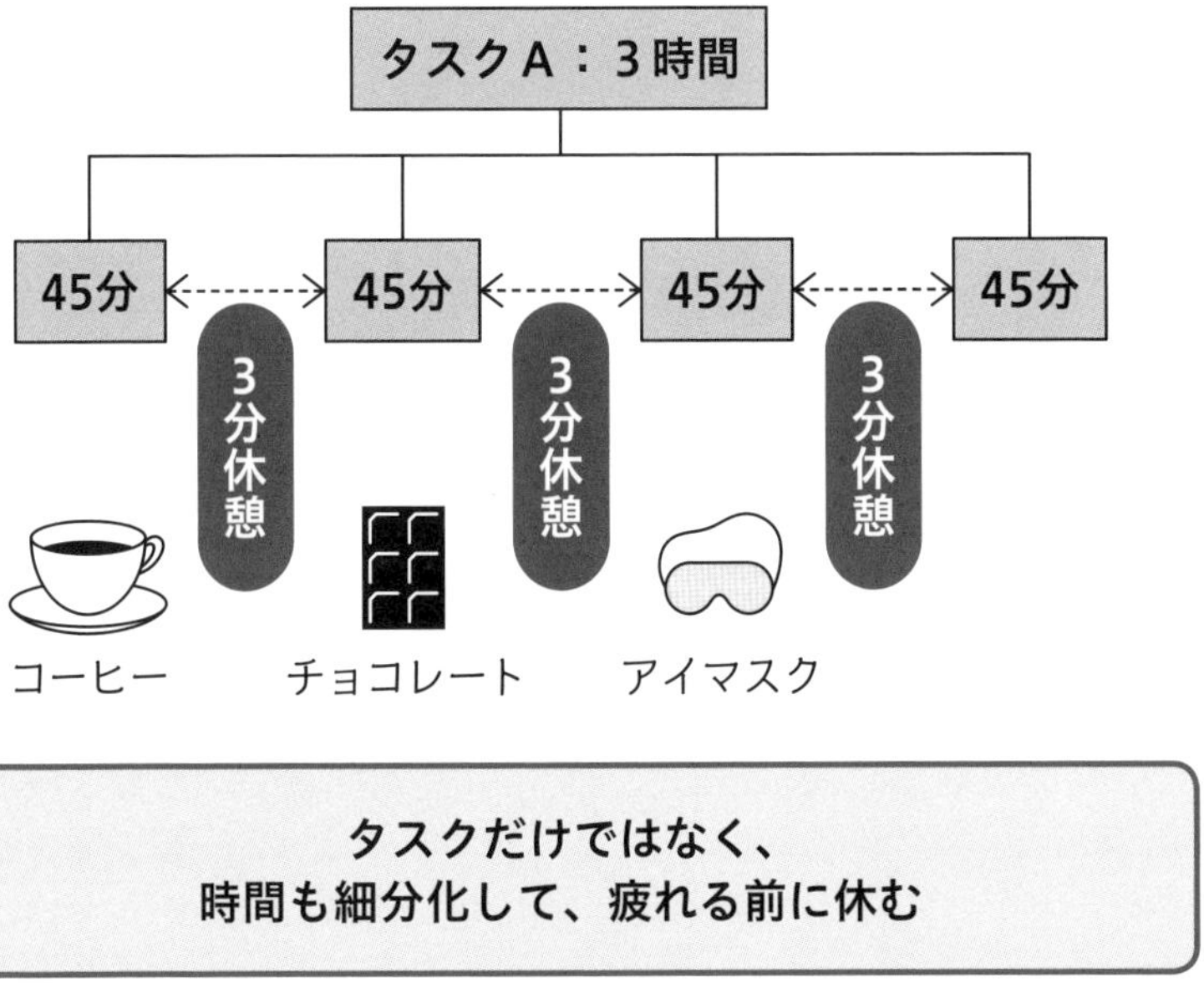

◆45分程度がおすすめ

長時間タスクに取り組む際の時間の分け方ですが、まずは機械的に「45分程度」を目安に分けることをおすすめします。**45分くらい作業して少し休憩して、また45分くらい作業して少し休憩して**……、これを繰り返すのです。

45分程度という時間を推奨する理由ですが、それは頭と体が慣れていることにあります。

思い出してください。小中高生のときの授業時間は、45～50分くらいだったはずです。幼い頃の習慣はなかなか消えないもので、大人になった今でも、45分程度を1セットとしてタスクに取り組むことは、さほど抵抗なくできるはずです。

なお、大学生の頃は授業時間は90分でしたが、さすがにこれだと一つの区切りとしては長すぎます。頭と体が覚えているはずの「45分1セット」を思い出し、集中のために活用しましょう。

◆「どのくらいで疲れるか」を把握

長時間タスクにあたっては、まずは機械的に45分程度を一つの目安として時間を区切ることを推奨しました。しかし、もっとよい時間の区切り方があります。それは、自分が疲れを感じ始める時間を把握し、その前に休憩を入れることです。

疲れを感じずに作業に取り組める時間は、人によって異なるもの。30分程度で頭が疲れてしまう人もいれば、45分どころではなく、60分間集中して取り組める人もいるでしょう。自分が疲れを感じ始める時間を把握して、それを、時間を区切る際の目安にするのです。

疲れ始める時間を把握するために、まずはこれまでと同じように長時間タスクに取り組みましょう。そして「疲れたな」と感じた時間をメモに取り、その平均を明らかにします。それが60分程度なら、60分をめどに、休憩をはさむのです。

◆疲れ始める時間は状況によって変化する

疲れ始める時間は、「状況」によって異なるものです。

たとえば、時間帯です。

朝であれば蓄積疲労もないために、疲れを感じずに60分程度集中できる人でも、夕方になると45分、夜になると30分ほどで疲れが襲ってくることは容易に理解できます。

また、週末に近づくにつれて疲労を感じやすくなる人もいます。月曜日や火曜日は60分頑張れたものが、金曜日は40分で疲れてくるということもあるのです。

このように、その時々の状況によって疲れ始める時間は異なるため、**状況に合わせて時間を区切ることが大切**です。2時間のタスクを、「今日は40分3セット」でもいいし、「今日は30分4セット」でもいいのです。

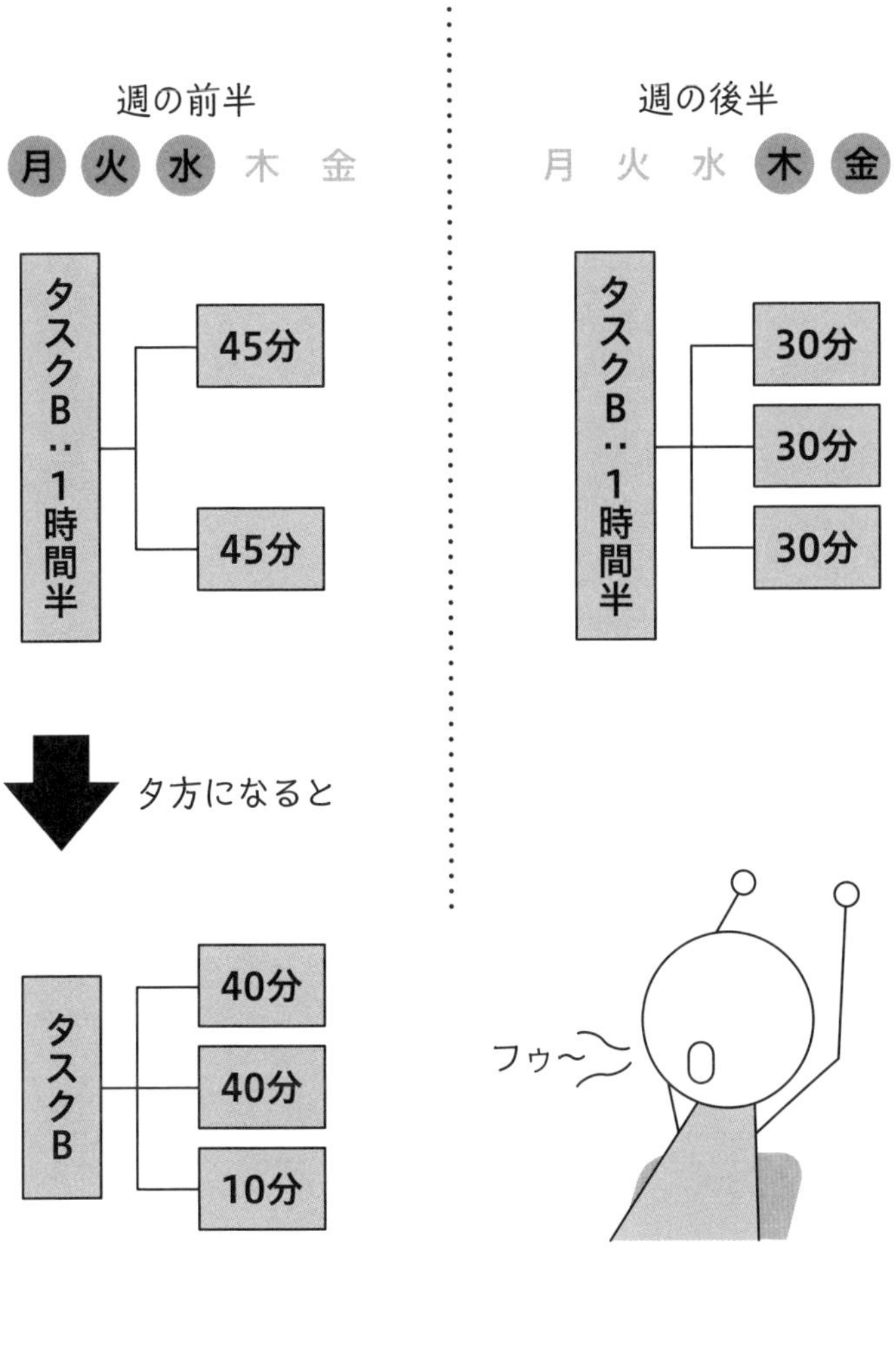

自分の「集中持続時間」を把握して、疲れる前に休む

16 集中しやすい「体」を作る

◆運動が脳にもたらす影響

話は変わるようですが、昨今は、いわゆるデスクワーカーが多いと言えます。空調の効いたオフィスで仕事ができるのがデスクワークのメリットですが、「集中」という観点からは、デスクワークだからこそ困ることもあります。

そうです。デスクワークだと運動不足になります。体を動かすことで脳によい影響が与えられ、集中につながることは様々な研究結果からも明らかであり、逆に運動不足は脳の働きを低い水準にとどめてしまいます。

これは、何とかしなければいけません。

まずは「運動」という以前に、**「とにかく体を動かす」習慣**を日々の生活に取り入れましょう。ジムに通わなくても、できることはあります。

◆ストレッチと筋トレ

簡単にできることは、タスクに取り組む前にストレッチ運動をすること。特に、昼休みのあとや疲れた夕方の時間帯などに行いましょう。

また、タスク前だけではなくタスク中も自然にストレッチの動作を取り入れると、効果的。私は考え事をするとき、頭を後ろに倒すようにして首を伸ばすことをクセとしています。**ポイントは「クセ」にすること。**「考え事→頭を後ろに倒すようにして首を伸ばす」と条件反射で動くのです。

オフィスでもう少し大きな動きができる方は、筋トレをおすすめします。なにも床に手をつけて腕立て伏せをするまでもなく、たとえば椅子に座りながら足を上げて太ももをおなかに近づけるなど、椅子に座りながらできる筋トレもあるのです。

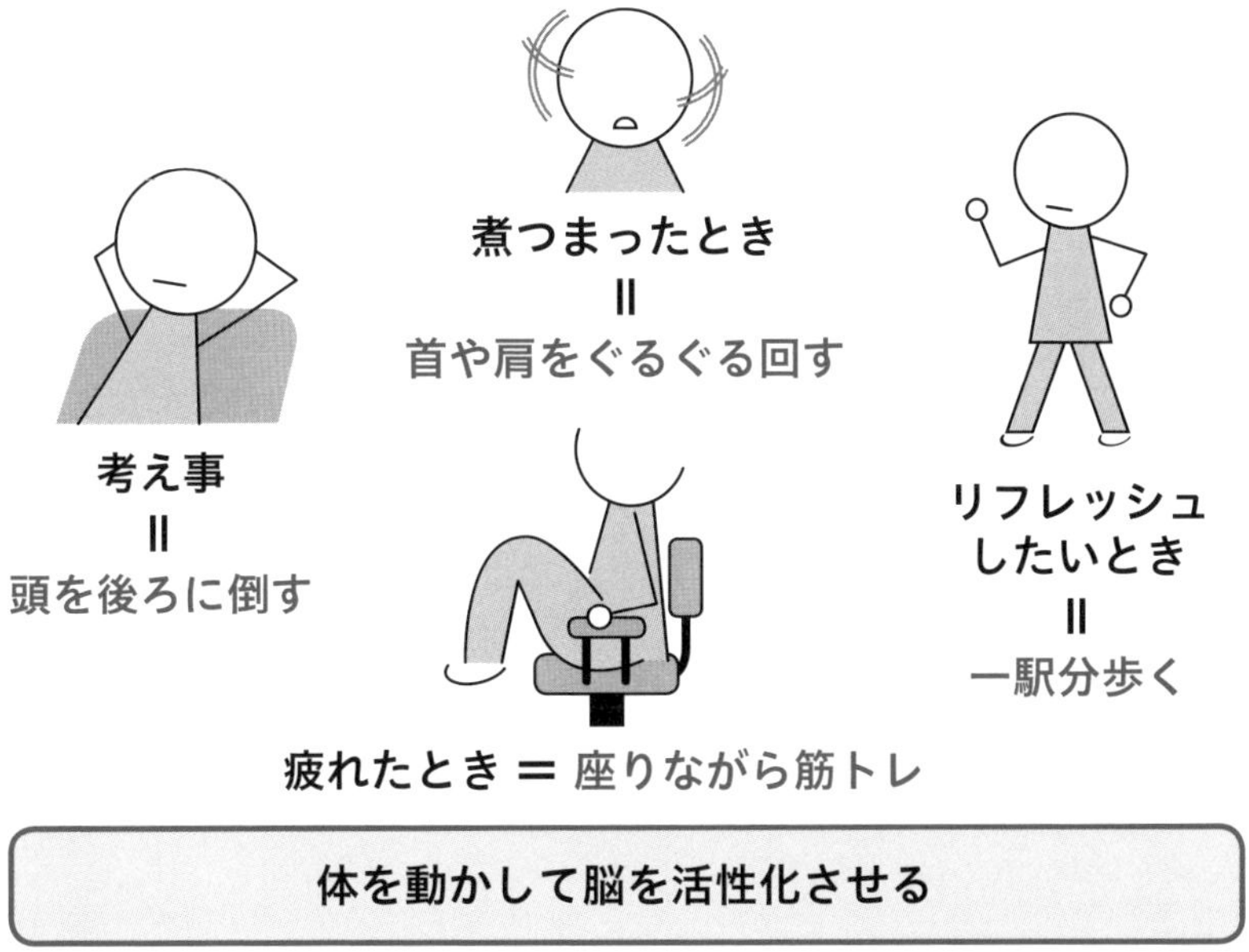
煮つまったとき
＝
首や肩をぐるぐる回す
考え事
＝
頭を後ろに倒す
リフレッシュしたいとき
＝
一駅分歩く
疲れたとき ＝ 座りながら筋トレ
体を動かして脳を活性化させる

◆早足で歩く

　また、ジムに通うなどの本格的な運動は難しいという方でも、「とにかく早足で歩く」ということを意識して日々を過ごしてください。

　たとえば、電車で通勤している方なら、一駅手前で降りて歩く。昼休みにランチに出るときは、近場ではなく少し離れたお店まで歩く。３階程度なら、エレベーターではなく階段を使う。このとき、早足を意識することで脳に刺激を与え、集中しやすい状態になるのです。

　また、タスクの処理中であっても、集中が切れたときは少し歩くとまた集中できます。

　集中が切れてきたと感じたら、椅子から立ち上がり、オフィス内を歩きます。うろうろする姿を見られては困るのなら、お手洗いにでも行けばよいでしょう。お手洗いも、階段を使って別のフロアまで行けば、多少なりとも運動になるのです。

17 場所を変えて一瞬で集中する

◆複数の場所でマンネリ化を回避

集中できるといえば、場所を変えることで集中できたと感じたことがあるでしょう。たとえば、ずっとオフィスのデスクでしていた作業を、気分転換を兼ねてカフェにパソコンを持ち込んで行うような場面です

場所を変えることは、必然的に体を動かすことにつながり、視界に入る景色が変わります。これがよい意味で刺激になって、目の前のタスクに集中できるようになるのです。また、場所を変えることで、集中できるだけではなく、ひらめきを得て作業がはかどることもあるのだから不思議です。

一瞬で目の前のタスクに集中するために、タスク処理のための**複数の場所を用意し、定期的に移動することが効果的**です。

◆「場所ローテーション」で集中を維持

場所を複数用意し、**タスク処理のために場所を変えることをあらかじめ予定しましょう。**

オフィスで働いている方なら、自分のデスク以外に、オフィスのオープンスペース、会社近くのカフェなど、作業しやすい場所をいくつか見つけておきましょう（もちろん、カフェなどの公共の場では周囲への配慮が必要ですが）。

自宅や私のように自分の事務所でタスク処理をする人も、作業スペースをいくつか確保します。

私であれば自分専用の机、お客様がいらしたときに使う応接机、さらには作業用のスタンディングデスクを用意して、1日のうち何回か場所を定期的に変えて、タスク処理にあたるようにしています。

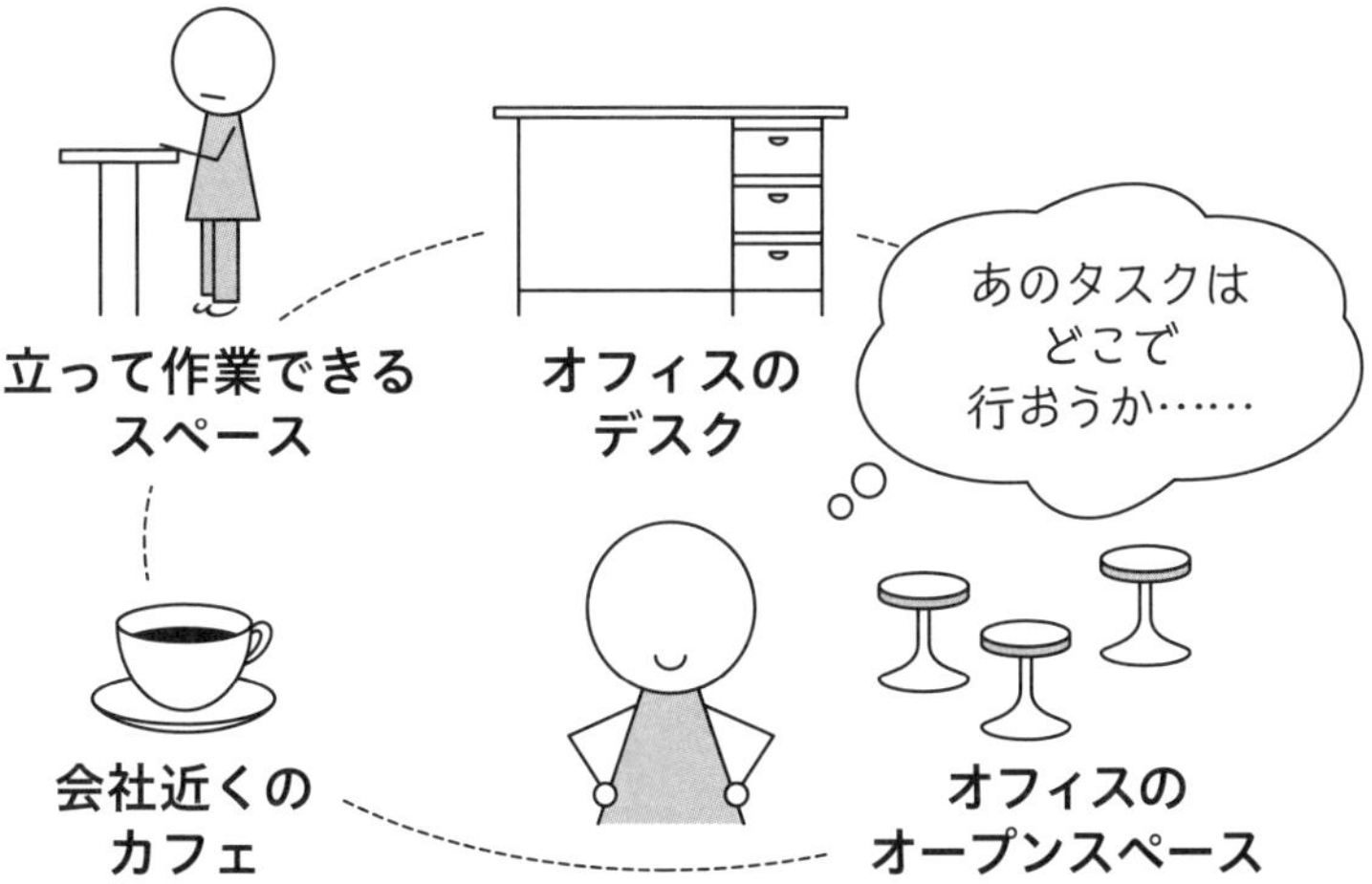
立って作業できるスペース
オフィスのデスク
あのタスクはどこで行おうか……
会社近くのカフェ
オフィスのオープンスペース

タスク処理しやすい場所を複数キープする

◆スタンディングデスクのすすめ

タスク処理というと、パソコンを使っての作業など、デスクで行うことが多いでしょう。そして通常は、それらは椅子に座って行うものです。

しかし、タスク処理のための「場所」として、**立ちながら作業できる場所を用意する**ことを強くおすすめします。私の場合は、わざわざ事務所内にスタンディングデスクを用意して、立ちながら作業できるようにしています。

立ってするタスク処理は、座りっぱなしに比べて健康的であり、頭も働きやすくなります。また、立ちながらの作業は長時間にわたって続けることが難しく、**自然と「時間短縮」を心がけるようになる**点も見逃せません。

立ちながら作業できる場所を含めていくつかの場所を用意し、思考がマンネリ化する前に場所を変える習慣をつけましょう。

◆タスクに関するものしかない状態が理想

場所を変えることのメリットは、頭に刺激を与えて集中しやすくなることだけではありません。場所を変える際に、運ぶことができるものが物理的に限られ、**やることが限定されることも大きなメリット**です。

たとえば私の場合、仕事で役所に出す書類を作成します。書類作成自体はパソコンで行いますが、前提として別の書類（や本などの資料）を読み込むことがあります。この場合、前提の書類を読み込む作業をスタンディングデスクで行い、書類作成の段階になるとデスクに戻るようにしています。**場所を変える際のコツは、持つものを限定する**ことです。

たとえば、今、読む書類だけを持って移動するということ。目の前の情報が「今、取り組んでいるタスクの、今の作業に関するものだけ」という状態が、最も集中できるのです。

◆余計な情報はやっぱり遮断

これは繰り返しになりますが、目の前のタスク処理に集中するためには、余計な情報はシャットアウトするべきだと言えます。

雑誌やテレビなどが余計な情報であることは言うまでもありませんが、仕事に関する情報も、目の前のタスクに関係のない情報なら、はっきり言ってそのタスクに取り組む「今」においては、余計な情報です。

集中するための工夫が必要である一方で、**集中を阻害する原因をなくす工夫も必要**です。余計な情報をシャットアウトすることは、その集中を阻害する原因をなくすことにつながり、集中しやすくなるのです。

場所を変えるときに不要なものは何も持たないという信念を貫き、集中できる環境を作り出してください。そして第4章では、この集中を邪魔する原因をなくす工夫、これをお伝えします。

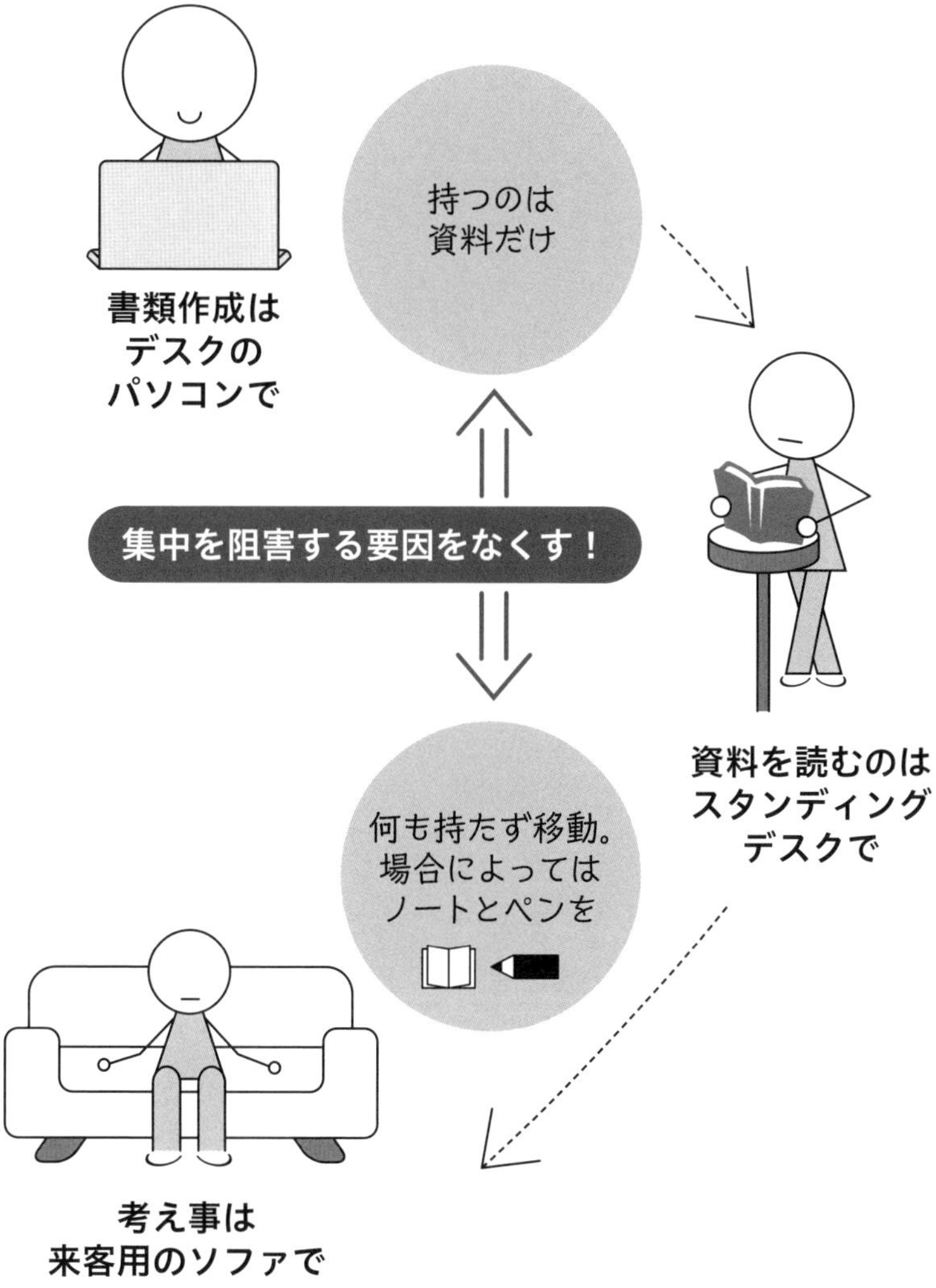
持つのは
資料だけ
書類作成は
デスクの
パソコンで
集中を阻害する要因をなくす！
資料を読むのは
スタンディング
デスクで
何も持たず移動。
場合によっては
ノートとペンを
考え事は
来客用のソファで

集中できる環境は意識的、物理的に作り出す

column 3

「コツ」は、すべてを取り入れる必要はない

第3章では、様々な一点集中のコツをご紹介しました。項目としては8個あり、それぞれの中で複数のコツを紹介している項目もありますので、数多くのコツを紹介しています。

さて、それらの紹介したコツですが、すべてを取り入れる必要はありません。

これらの中から、あなたのタスク処理に使えそうなものをピックアップし、一つでも二つでもいいので、日々の生活に取り入れることが大切です。著者である私と、読者であるあなたが抱えているタスクは違うのですから、すべてを取り入れる必要はありません。

そして大切なのは、取り入れると決めたコツは、「すぐに実践する」ということです。今日から使えるものは使ってほしい、そう思っています。

もったいないのは、実践に移さないことです。

本書を読んで、「面白かった」と思ってもらえれば著者としてはうれしいのですが、「面白かった」というだけでは、あなたにとって、その後の飛躍がありません。

小説などと異なり、本書をはじめとする実用書やビジネス書を読むことは、ある意味で「投資」なのです。投資である以上は、何らかの成果を出さなければ意味はないのです。

今日明日から、使えるコツはどんどん使いましょう。一点集中のコツを実践し、日々のタスク処理を効率化するのです。

第4章

一点集中を邪魔させない

Task Rule

18 「一点集中の工夫」だけでは足りない

◆一点集中を邪魔する要因を排除

ここまで、ワンタスク戦略でタスクを一つひとつ効率的に処理するために、様々な工夫をご紹介しました。それらは主に「一つのタスクに集中するための工夫」です。これらによって、タスクを一つひとつ着実にこなすことが可能になります。

しかし、ワンタスク戦略を加速させるためには、一つのことに集中する工夫だけでは足りません。集中の工夫だけではなく、「思考をそらし、集中を邪魔する要因をなくす工夫」が、集中するための工夫と同じくらい大切になるのです。

ブレーキをかけた状態でアクセルを踏んでも、スピードが出ないのは当然です。加速するためにはアクセルを踏むだけではなく、「ブレーキを外すこと」が必要なのです。

◆ブレーキのせいでスピードが出ない

気づいてほしいのは、「ブレーキを外すことが大事」という点において、私たちの日常のタスク処理にも同じことが言える、ということです。

タスク処理においては、一つの事柄に集中するための工夫がアクセルにあたり、集中を邪魔するものがブレーキにあたります。**ワンタスク戦略を実現させ、結果を出すためには、集中する工夫（アクセル）が必要になる一方で、思考をタスクからそらし、集中を阻害する要因（ブレーキ）をなくす工夫も、同時に必要になる**のです。

問題は、どのようにすれば集中を阻害する「ブレーキ」を外してアクセルを踏み込み、一点集中を加速できるのかということ。これが、意外と難しいのです。

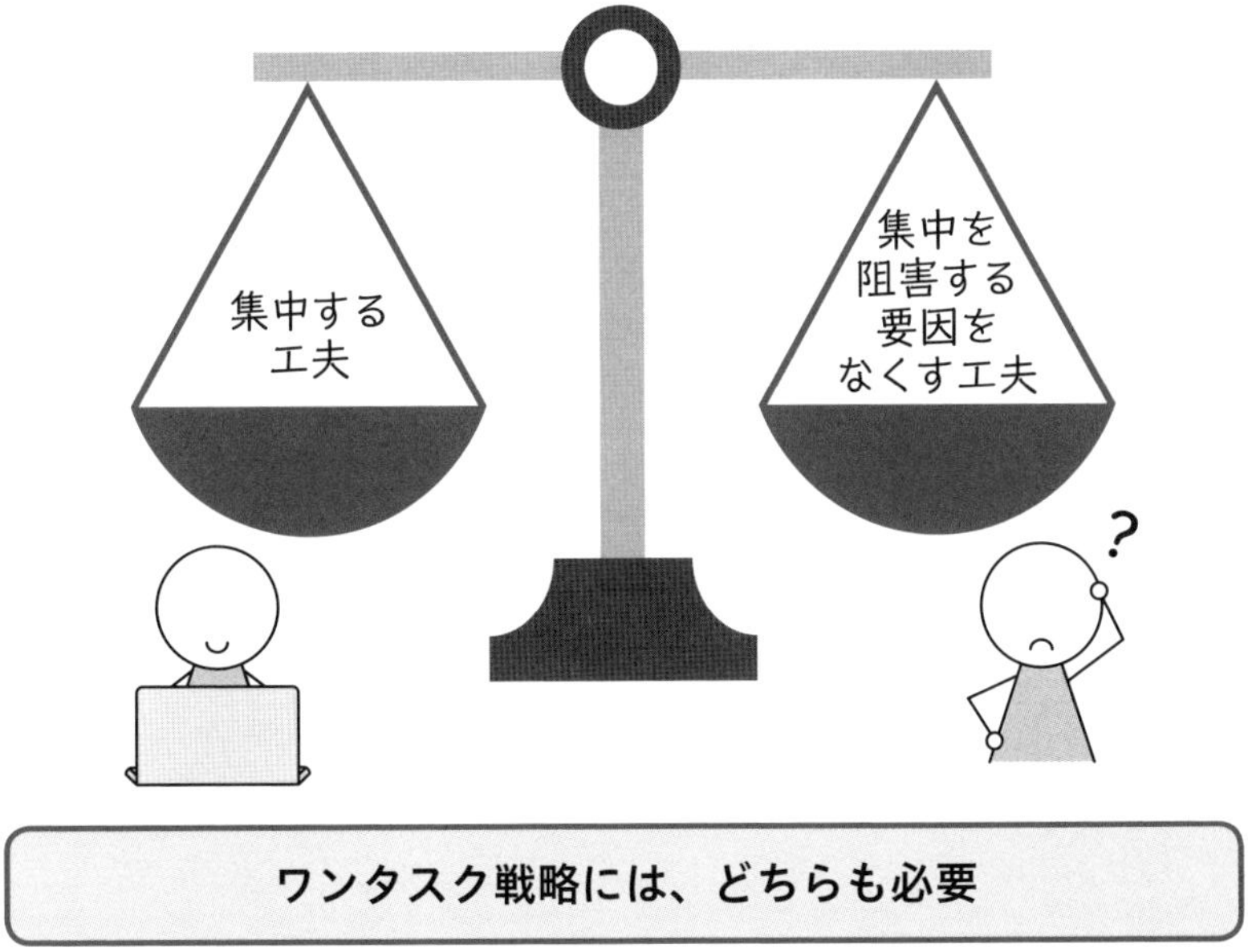

◆一つのことに集中できた時代

あなたがこれまでの人生で、一つのことに最も集中できた頃のことを、思い出してください。

多くの人にとって、一つのことに集中できたのは社会人になる前、つまり学生の頃ではないでしょうか。中学時代や高校時代、部活や勉強、あるいは趣味の世界に強烈にのめり込んでいたのは、あなただけではないのです。

学生時代の自分と今の自分、違いはどこにあるでしょう。その違いは、学生の頃のほうが、「（集中を邪魔する）余計なことやモノ、ほかに考えなければいけない事柄」、これらが今の私たちよりも圧倒的に少なかったということです。

もっと端的に言えば、学生の頃は、「思考の対象」がもともと少なく、一つの事柄に集中できる状態にあるのです（特にスマホがなかった時代に学生だった方は、なおさらです）。

◆大人となった今、いかに集中するか

大人になった今では、学生の頃にはなかった「思考の対象」が多くあります。

たとえば仕事では、今日の会議のこと、会議のあとにこなすタスクのこと、今週の営業成果、上司や取引先との人間関係など、考えるべき対象がいくつもあります。

また、世の中が見えるようになった社会人だからこそ、常に更新される政治経済や海外情勢などのニュースにも敏感になり、思いを巡らせる対象が無限にあるものです。

そして、ついつい目の前のタスク以外のことに思考を向けてしまって、目の前のタスク処理がおろそかになる……。これが現実でしょう。

学生にも、考えることはたしかにあります。それは社会人の私たちよりも場合によっては深く、重いものである場面だってあるでしょう。思春期特有の恋愛の悩みなどは、その最たるものです。

しかし、思考の対象になる事柄の「数」は、社会人のほうが多いのです。それは社会人であれば背負うものが多く、常にやるべきことに追われているのですから、仕方のないことです。

ワンタスク戦略を実現するためには、この**「思考の対象」を減らして、目の前のタスクから思考がそれないようにしなければいけません。**思考の対象を意図的に減らして、目の前の勉強だけ、部活だけ、趣味だけ、に打ち込めたあの頃の環境に近づけるのです。

また、年代にもよりますが、学生の頃は携帯電話やスマホなどはなかったという方もいるでしょう。これらのデジタル機器も、一点集中を邪魔する傾向にあるため、思考の対象を減らすために対策が必要だと言えます（その意味では、現代の学生さんは、一点集中においては、昔の学生よりも難しいと言えます）。

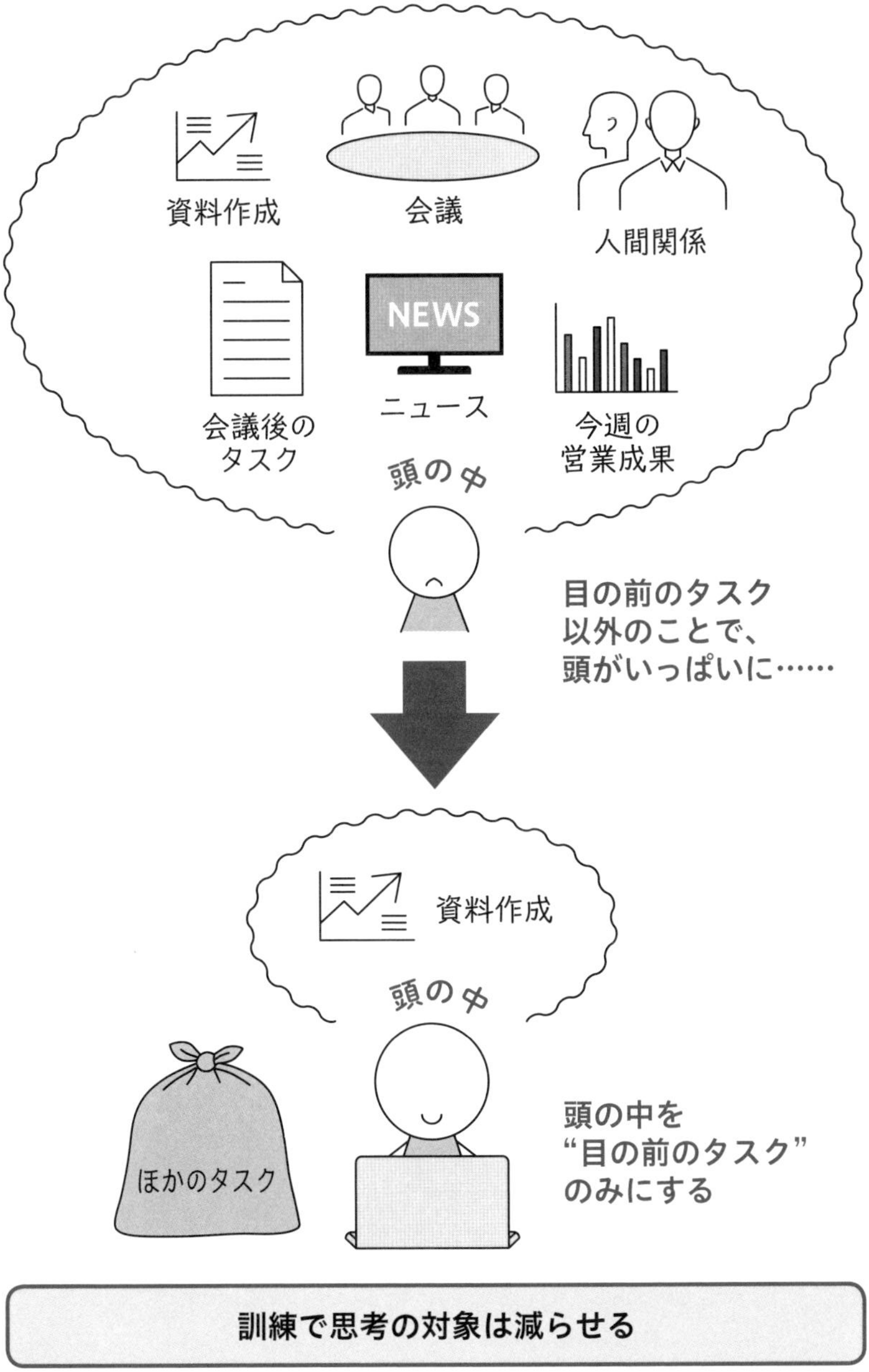
資料作成
会議
人間関係
NEWS
会議後のタスク
ニュース
今週の営業成果
頭の中
目の前のタスク
以外のことで、
頭がいっぱいに……
資料作成
頭の中
ほかのタスク
頭の中を
“目の前のタスク”
のみにする
訓練で思考の対象は減らせる

Task Rule

19 スマホは大敵、できれば違う空間に

◆情報の流入を阻止する

ワンタスク戦略を実現するために、思考の対象を減らし、意識が目の前のタスクから離れないようにします。

思考の対象を減らすためには、流入する情報をコントロールし、その量自体を減らしてしまいましょう。考え事をする際の前提になるもの自体を減らす、というわけです。

情報をコントロールし、入手する情報量を減らす工夫は、一見するとよくないことのように思えます。世の中には「持っている情報量が多い＝できる人」とみなす風潮があるためです。

しかし、そんな思い込みは捨てましょう。目の前にあるタスクを一つひとつこなすことが大切なのであり、情報に疎くても成果は出せるのです。

ところで、昨今においては、情報は主にスマートフォンを使って入手する人が大半です。テレビや新聞、パソコンよりも、どこにでも気軽に持って運べるスマホこそが、現代において最強の情報源なのです。

「最強の」情報源であるスマホは、一点集中でタスクをこなすことを心がける私たちにとって、「最恐の」情報源であることも忘れてはいけません。情報がどんどん入るスマホのせいで、とにかく気が散ってしまう……。これは、あなただけではないのです。

スマホから逃れる最も効果的な方法は、スマホを持たないことです。しかし、現代人の都合上、そうも言っていられません。ここでは、一点集中のためのスマホとのつきあい方を提案します。

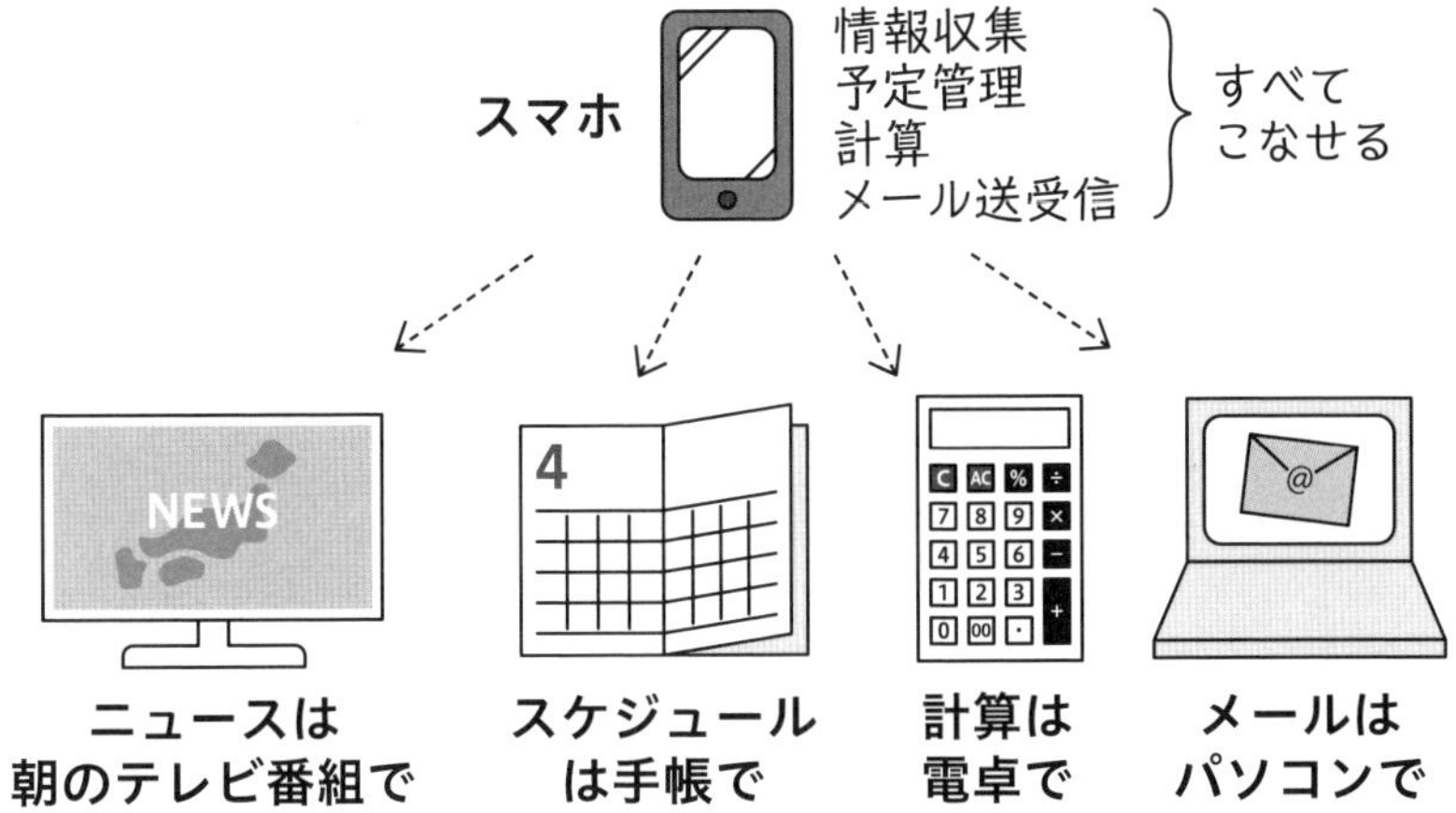
スマホ
情報収集
予定管理
計算
メール送受信
すべてこなせる
NEWS
4
ニュースは朝のテレビ番組で
スケジュールは手帳で
計算は電卓で
メールはパソコンで

スマホとのつきあい方を変えれば、目の前のタスクに集中できる

◆アナログ化のすすめ

スマホに集中状態を邪魔されないようにするためには、スマホを極力使わない（手に取らない）工夫が大切です。使ってしまうと、ＳＮＳのメッセージや最新ニュースなど余計な情報まで見てしまい、思考がそれてしまいます。

スマホから逃れるために、**スマホでしていたことも、今後は極力アナログで行う**ことが有効です。

たとえば、予定の管理はスマホのアプリを使うのではなく、あえて紙の手帳を使います。数字の計算をするときは、スマホの電卓機能を使うのではなく、リアル電卓を使うのです。

アナログのモノは、手帳なら予定管理、電卓なら計算というように、その用途でしか使うことができません。用途が限られているからこそ、ほかの情報が入ってくることがなく、目の前のタスクから思考が離れにくくなるのです。

◆スマホは、できるだけ遠ざける

スマホから入る情報に右往左往しないようにするためには、可能な限りスマホを自分自身から遠ざける工夫こそ効果があります。

まず簡単にできることは、**スマホの画面を伏せること**。

仕事の関係で、スマホから離れられない人もいるでしょう。このような人も、スマホの画面が視界に入らない工夫をするべきです。

たとえばデスクワークをするときに、スマホを机の上に置かざるを得ないときも、画面を下にして、伏せるように置くのです。

次に、スマホをしまうことも忘れてはなりません。スマホ自体を視界に入れないようにするのです。**スマホはカバンにしまう、机の引き出しにしまう**、このような習慣が、大きな効果につながります。

なお、スマホをポケットにしまうのはおすすめしません。スマホが衣服を通して肌に接しているために、どうしても意識がスマホにいくためです。

最後に、できることならば、**スマホは自分とは別の空間に置く**。これが、きわめて有効です。

簡単なのは、スマホを別の部屋に置いてしまうことです。自分とスマホを物理的に離して置くことで、新たな情報の流入を遮断し、意識を目の前のタスクに集中できるようにするのです。

もっと徹底できる方は、スマホは自宅に置いてオフィスに持ち込まないのもおすすめです。ちょっと足を伸ばせばスマホを取りに行くことができる、という状態でなくなれば、その存在はほとんど気にならなくなります。

スマホが集中力に与える悪影響は、あなたも思い当たることがあるでしょうし、多くの研究でも指摘されていること。スマホから入る情報に集中を邪魔されるのではなく、スマホを適切に管理し、意識が散漫にならない環境を整えましょう。

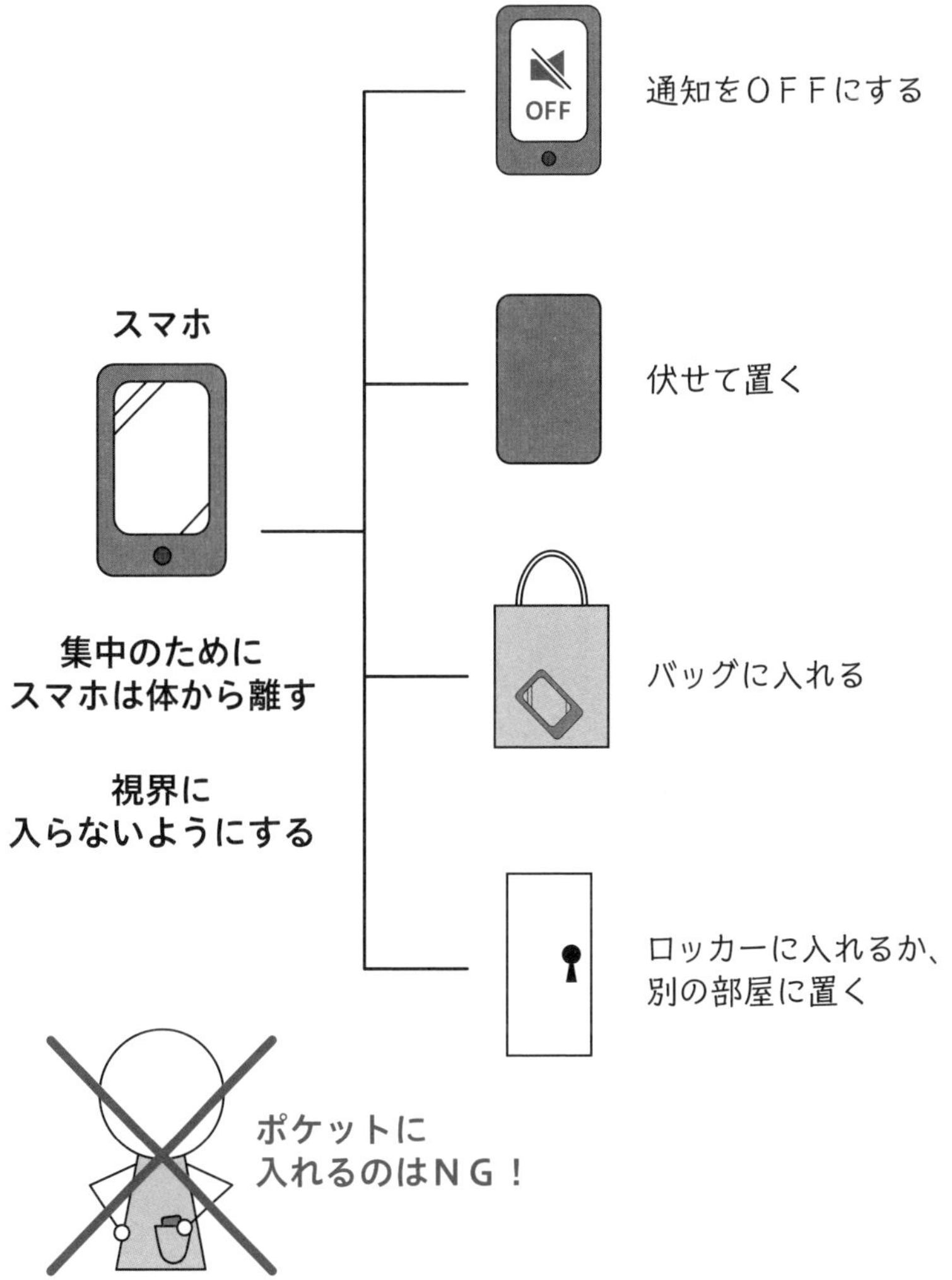
スマホ
集中のために
スマホは体から離す
視界に
入らないようにする
OFF
通知をOFFにする
伏せて置く
バッグに入れる
ロッカーに入れるか、
別の部屋に置く
ポケットに
入れるのはNG！

スマホに支配されるのではなく、スマホを支配する

20 スマホの代替は「ガラケー＋タブレット」

◆スマホを「捨てる」

いっそのこと、スマホを「捨てる」という方法もあります。スマホ（から入る情報）が気になって仕方がないのであれば、スマホを解約し、そもそもスマホを持たないという選択もあるのです。

しかし、スマホを持たないとなると、さすがに困る人もいるでしょう。スマホがないほうが一つのタスクに集中できるとしても、やはりスマホで調べものをしたい場合だってあるのです。

スマホの便利さを完全には手放せないという人は、**スマホの「代替」を用意してからスマホを捨てる**ことをおすすめします。

具体的にはスマホの代わりに、いわゆるガラケーとｉＰａｄなどのタブレット型端末を持つことは、賢明な選択です。

◆ガラケーとタブレットでもいい

スマホの機能で絶対に外せないのは、やはり「電話」の機能です。これをガラケーで補います。

また、昨今はパソコンが自宅にない方も多く、スマホの「ネット検索機能」も欠かせませんが、タブレットにも、当然その機能はあります。

スマホが集中を邪魔するのは、それが情報の源になるだけではありません。手のひらに収まるサイズで、ポケットに入れて、どこにでも気軽に持ち運べることも、集中が邪魔される原因になります。タブレットになると、持ち運びが億劫な大きさとなり、物理的に自分の体から離すようになるため、余計な情報が入りにくくなり、集中が妨げられることが減るのです。

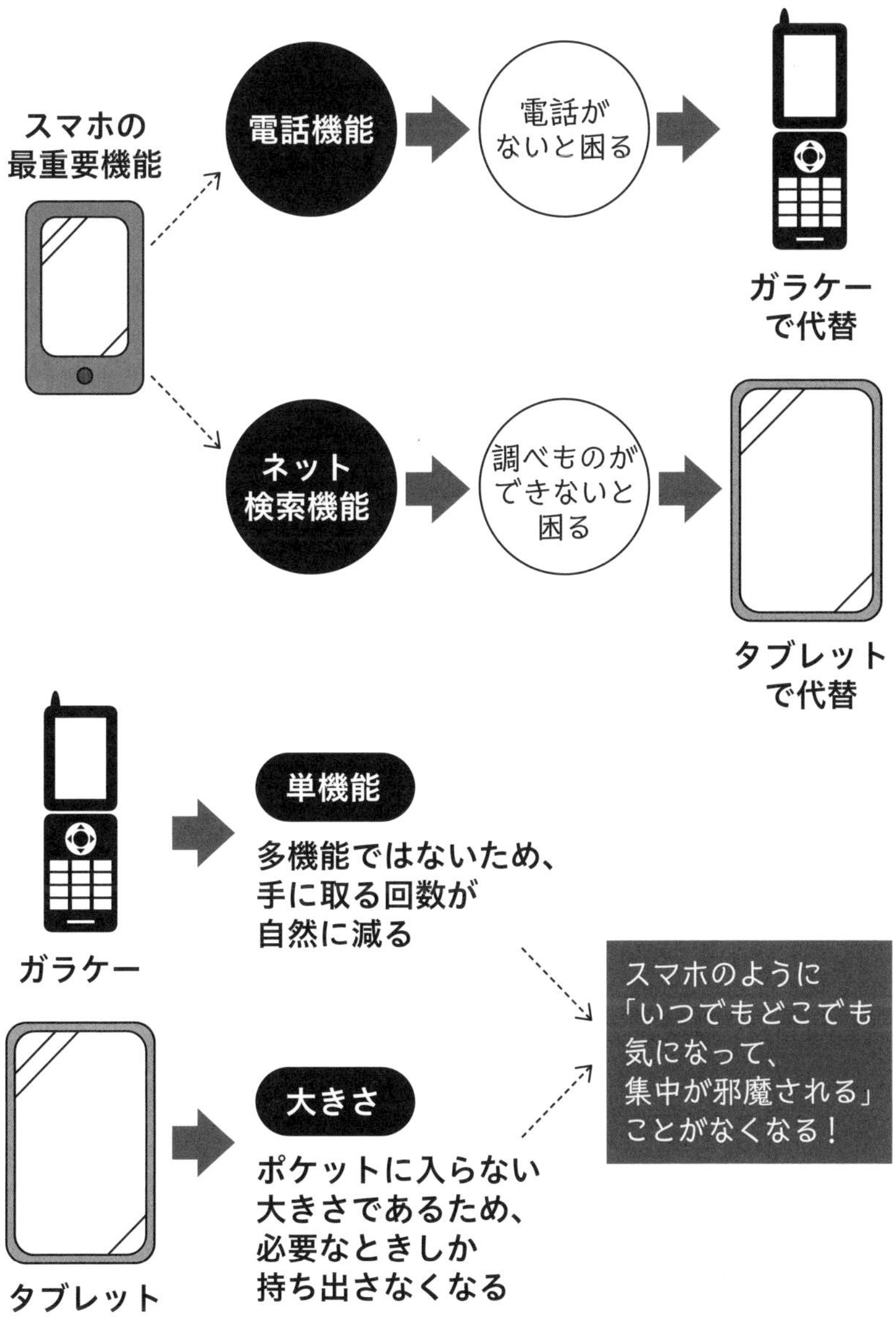
スマホの
最重要機能
電話機能
電話が
ないと困る
ガラケー
で代替
ネット
検索機能
調べものが
できないと
困る
タブレット
で代替
ガラケー
単機能
多機能ではないため、
手に取る回数が
自然に減る
タブレット
大きさ
ポケットに入らない
大きさであるため、
必要なときしか
持ち出さなくなる
スマホのように
「いつでもどこでも
気になって、
集中が邪魔される」
ことがなくなる！

ガラケーとタブレットがあれば、スマホはいらない

21 視界に入るものを減らす

◆思考がそれる、を回避せよ

繰り返しになりますが、目の前のタスクに集中できないのは思考がそれるためであって、それは余計な情報によってもたらされます。言い換えると、思考がそれるのは、「きっかけ」があるためです。そのきっかけとは、頭の中に「別の情報が入ること」なのです。

そして、その「余計な情報」は、スマホで流れるニュースや、ふと頭をよぎる週末にする趣味のことだけではありません。**次にこなすべきタスクのことも、「今」からすれば余計な情報になる**のです。

目の前のタスクから意識をそらさないようにするために、「余計な情報」のシャットアウトは徹底的に行いましょう。意識を目の前のタスクに集中させるのです。

◆思考がそれる「きっかけ」は視界から

思考をそらす別の情報は、スマホから入るとは限りません。スマホ以外でも、別の情報が視界に入れば、やはり思考はそれます。思考がそれるきっかけは、「視界の中」にあるのです。

たとえば、今夜観戦する予定のサッカーの試合時刻を書いたメモが視界に入ったり、次にやるべき仕事のto doリストが目についても、やはり思考はそちらに向きます。「視界に入るちょっとした情報」がきっかけとなり、私たちのワンタスク戦略が邪魔されるのです。

だからこそ、**スマホ以外でも「視界に入る情報」を制限**しましょう。そして、**物理的に目の前のタスクにだけ向かい合う場を作る**ことができれば、タスク処理はずいぶんはかどります。

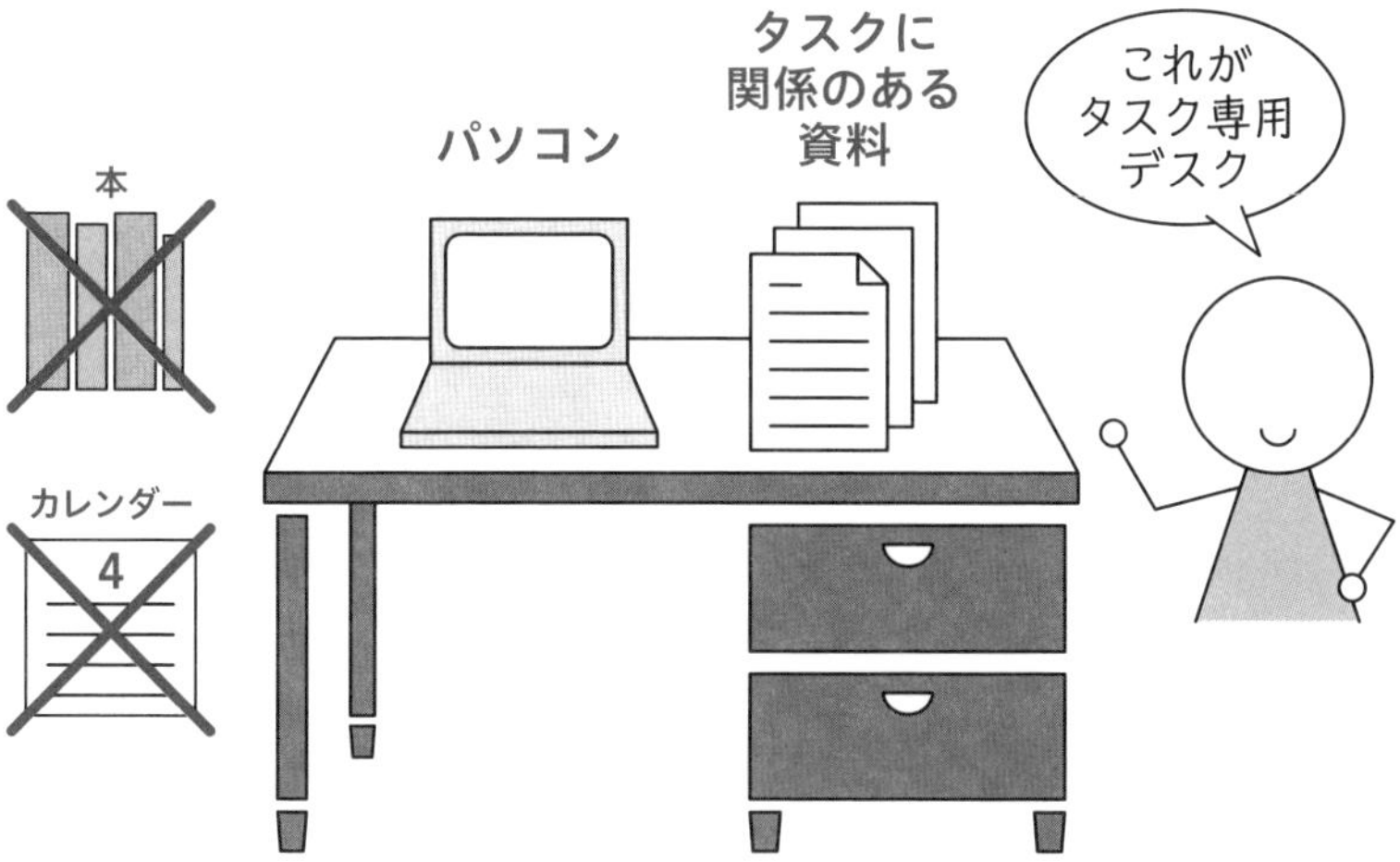

「タスク専用デスク」は、文字情報を徹底的に隠す

◆文字情報のない「タスク専用デスク」

目の前のタスクから意識をそらす余計な情報は、「意味のある情報」であることが通常です。そして「文字の情報」は、通常は何らかの意味を帯びているので、**目の前のタスクに関係のない文字が書いてあるものは、目に入らないようにします。**

デスクワークであれば、デスクの上にあるのはタスクに関係のある資料（とパソコン）のみで、ほかの文字が書いてあるものは隠します。無関係な資料は引き出しにしまい、卓上カレンダーは倒して伏せます。デスクからほかの文字情報をなくし、タスク専用のデスクにすれば、意識もそのタスクに向かわざるを得ません。

また、付せんでタスクを管理する場合は、目の前以外のタスクを書き込んだ各付せんは、キーボードの下に貼りましょう（42〜43ページ参照）。

◆デスクを二分割する

デスクの上に関係がない資料は置かず、デスクをそのタスク専用の状態にするのは難しいという方もいるでしょう。物理的な制約から、無理な方もいることは重々承知しています。

そのような方には、作業スペースは小さくなるものの、**「デスクを二分割」して、今、取り組んでいるタスク専用のスペースを作る**ことをおすすめします。

二分割の仕方は簡単。用意するのは、文具店などで手に入るマスキングテープです。

マスキングテープを、デスクを二分割するように貼り、「タスク専用スペース」を作ります（99ページ参照）。そのスペースには、今、取り組んでいるタスクに関する資料しか置かないようにして、物理的に目の前のタスクに取り組むしかない環境を作ります（視界には、ほかの情報が入らない工夫も、同時に必要です）。

◆デスクを三分割して、臨機応変に対応する

マスキングテープでデスクを二分割する方法は、タスクに応じて作業スペースを調整できるのも利点です。

スペースを広く使うタスクの際は、マスキングテープでスペースを広めに取り、スペースがさほど必要がない場合は狭く取ればいいのです。取り組むタスクごとに、テープを貼ってはがして、を繰り返せば、各タスクに対応できる専用スペースになります。

「テープを貼ってはがして」が面倒な方は、デスクを三分割しましょう。**色違いのマスキングテープを用意し、広め・狭め、複数の作業スペースを作れるよう、あらかじめ用意しておく**のです。こうすれば、「テープを貼ってはがして」を繰り返す必要がなくなります。

物理的に目の前のタスクに集中しやすい環境を、自ら作り出す努力をしましょう。

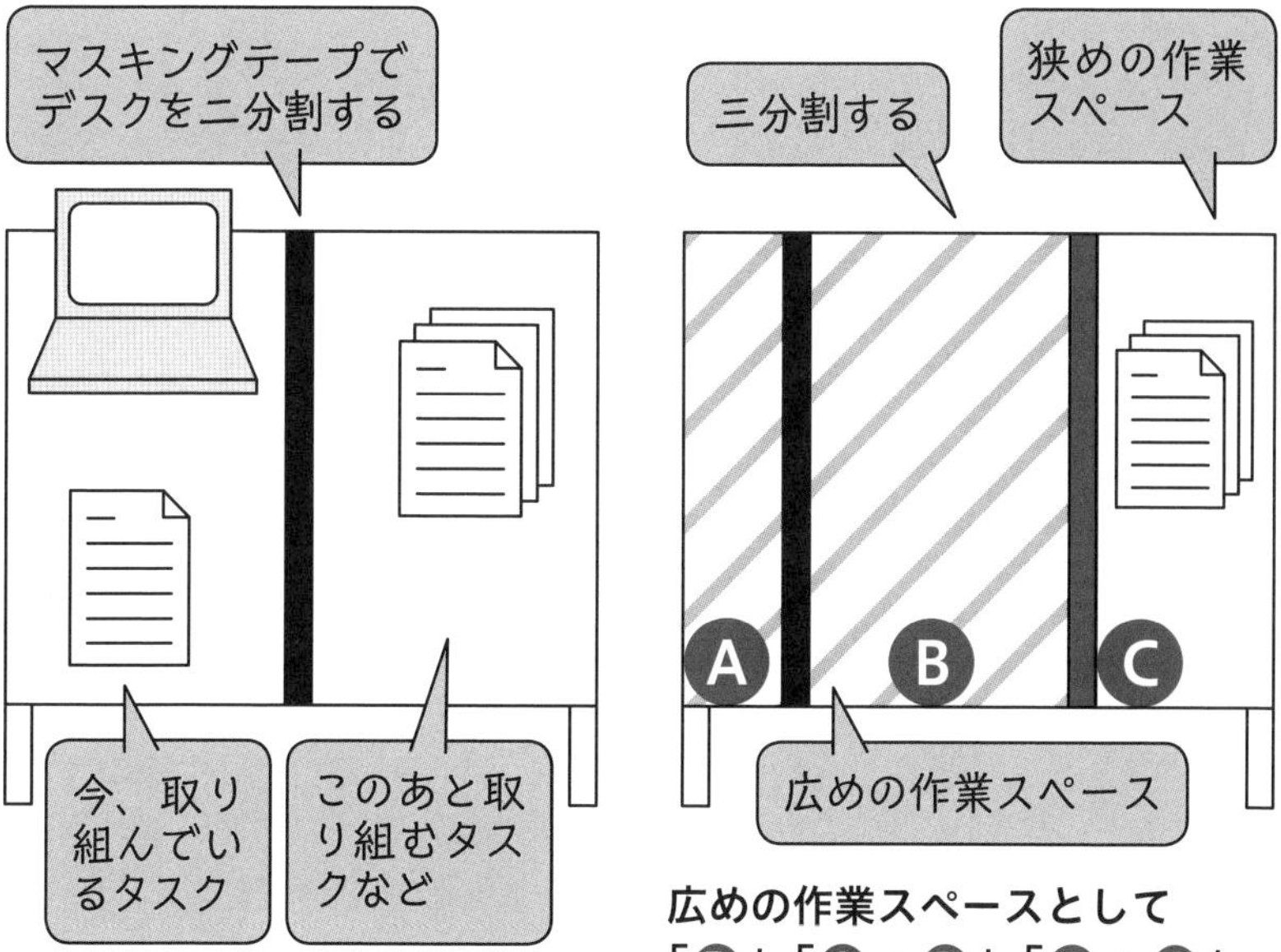

広めの作業スペースとして「B」「A＋B」「B＋C」「A＋B＋C」というように、複数の使い方が可能

	メリット	デメリット
二分割	テープを貼りかえることで、各タスクに対応ができる	テープを貼ってはがすのが面倒
三分割	テープ貼りが一度で済み、広いスペースと狭いスペースの両方が作れる	

テープ一つで仕事の効率は格段に上がる

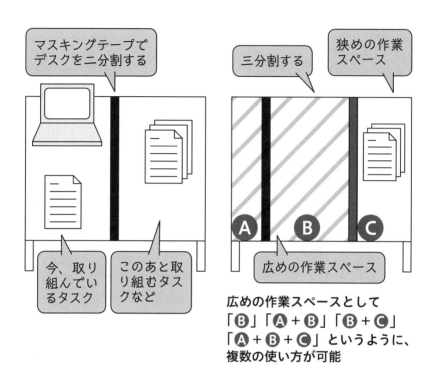

22 視界を狭くする

◆視界に入るものを減らすために

視界に入る情報を制限するべき、というお話をしました。そのために文字などの「意味のある情報」を視界に入る位置に置かないことが大切ですが、それ以上に効果的な対策があります。

視界に入る情報を制限する最も根本的な対策は、視界自体を狭くすること。当然ですが、視界自体を狭くすれば、視界に入るものが減ります。

問題なのは、どうやって視界を狭くすればいいのか。これには、アイテムが必要です。ここで視界を狭くするために使える、お手軽なアイテムを二つご紹介します。

そのお手軽なアイテムとは、「メガネ」と「折りたたみブース」です。どちらも手に入れやすいアイテムです。

◆メガネと折りたたみブース

私は作業用に視野が狭くなるメガネを使用しています。そもそもですが、メガネをかけている人は「作業用のメガネ」を用意していることが多いと言えます。作業用に、ブルーライトカットなどのメガネをかけている人もいるでしょう。

この作業用のメガネですが、**テンプルの幅が大きいメガネ（花粉症対策用のメガネなど）を選べば、視野を狭くできます。**

また、オフィス用品通販のカウネットで**「折りたたみ集中ブース」**というものが購入できます。これはデスクワークの際に簡易的な「ブース」を作り、視野を狭くするもの。折りたたみで収納に場所も取らないため、手軽に視野を狭くすることが可能です。

視界に入る情報を制限

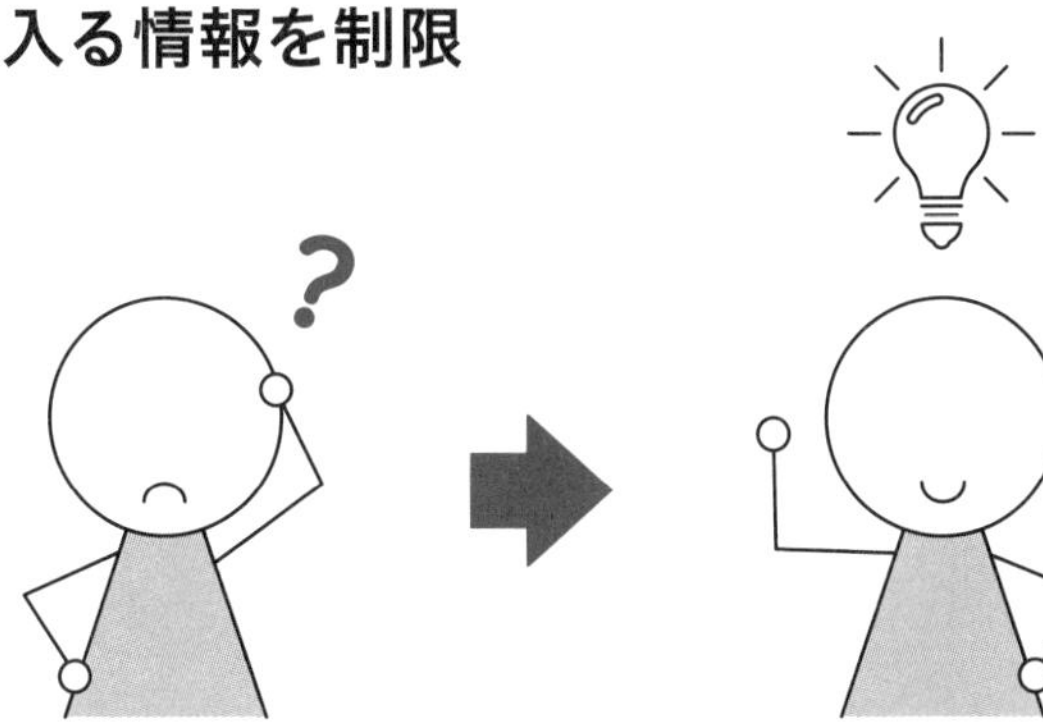

視界を狭くする！

視界を狭くするアイテムがある！

折りたたみ集中ブース

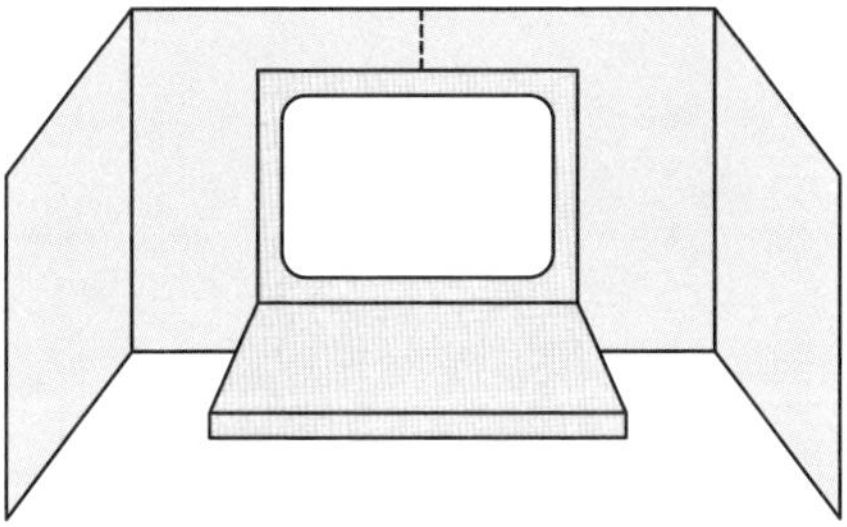

視界が狭くなるメガネ

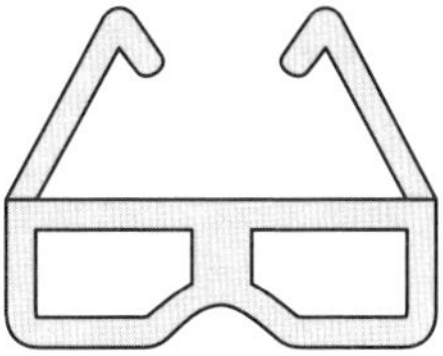

集中ブースのメリット

- サッと広げられる
- 作業に集中したいときだけ使える
- 使わないときはコンパクトに折りたためる

視界を狭くするアイテムを使って、集中力を上げる

Task Rule

23 パソコン作業、一点集中のための工夫

◆パソコンは「余計な」情報の源

仕事で、パソコンを使わない日はない。これはなにも私だけではないはずです。多くのビジネスパーソンにとって、パソコンは仕事における必須アイテムでしょう。

さて、そんなパソコンでの作業には、目の前のタスクに集中することを邪魔する要因が潜んでいる。これに気づいている人も多いはずです。

パソコンで作業をしているときに一点集中が妨げられるのは、**オンライン状態のパソコンには「余計な」情報がいつでも、そして、いくらでも入ってくる**からです。

一点集中のためには、パソコンの特徴とも言える、情報の「いつでも」「いくらでも」という流入の仕方に、制限をかけなければいけません。

◆自動通知はすべてオフ

パソコンに入る情報といえば、「メール」です。昔の私は、常にメーラーを立ち上げて仕事をしていました。メーラーが立ち上がったままであれば、仕事に関するメールにすぐ気づき、すぐに返信できるからです。

しかしながら、そんなことをしていてはメールが届くたびにその内容が気になり、届いたメールを確認し、すぐに返信するようになります。当然ですが、そのせいで思考は中断、目の前のタスク処理が滞ってしまいます。

一点集中でタスク処理を進めるためには、目の前にあるタスク以外は、（たとえ仕事のメールでも）余計な情報です。

余計な情報に邪魔されないように、**メーラーは**

パソコンは情報を能動的に取りに行くもの

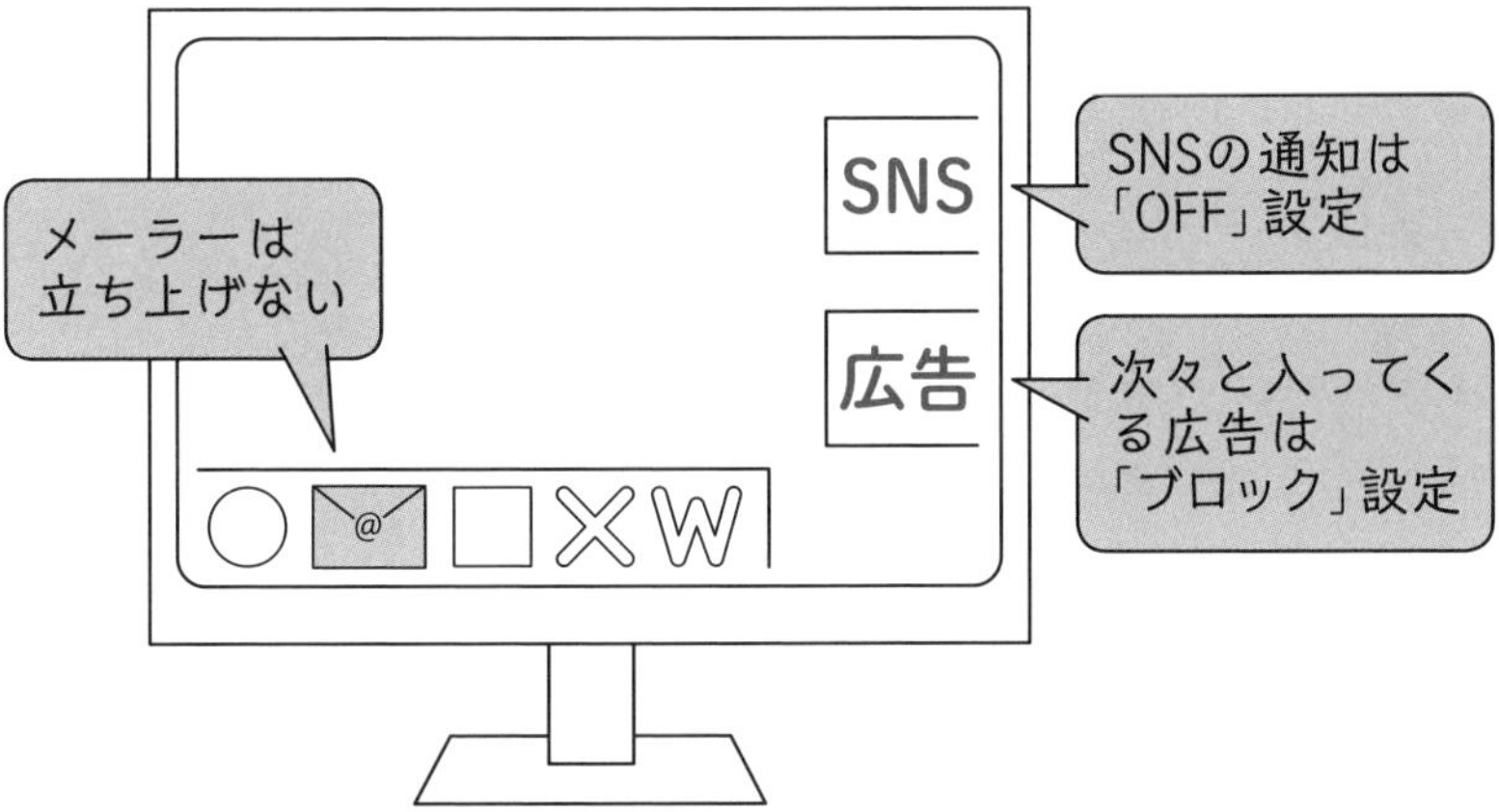
SNS
SNSの通知は「OFF」設定
メーラーは立ち上げない
広告
次々と入ってくる広告は「ブロック」設定

パソコンに次々入ってくる情報は、自ら「カット」できる

閉じてタスク処理をしましょう。メールが届いたかどうかは、定期的に確認すればよいのです。

また、デスクトップ画面に、SNSでのコメント通知が入る、興味のあるニュース情報が勝手に表示されるといった、自動的に情報が入ってくる通知機能を使っている方もいます。

けれども、ニュース情報をいち早くキャッチする必要はさほどありません。むしろ、作業しているそばでタスクと関係のない通知がパソコン画面に入ってくることは、集中の大きな阻害要因だと言えます。

ワンタスク戦略のために、認識を改めましょう。情報収集の点においてパソコンは、情報が（勝手に）入ってくるものではなくて、情報を能動的に取りに行くものだと理解して利用するのです。

自動通知やそれに類する機能は、オフにします。とにかく、目の前のタスクだけに集中できるようにするのです。

◆検索画面はヤフーよりもグーグル

パソコンで情報を得るといえば、検索エンジンを使って知りたい情報を探すことが一般的です。私も、1日に何度も検索エンジンのお世話になっています。

そんな検索エンジンですが、日本で利用されている主なものは「ヤフー」「グーグル」が挙げられます。ほかにもいくつかありますが、この2社が提供するものが、市場シェアのほとんどです。

検索画面は、ワンタスクの観点からは、グーグル（クローム）を使うべきです。

理由は、ヤフーの検索画面のトップページには、ニュースの表示があるからです。ヤフーの検索画面は、検索窓の下に政治経済からスポーツやエンタメまで、様々なニュースが並んでいます。ヤフーの各ニュースは魅力的な見出しで私たちを誘いますが、これがワンタスクの妨げになるのです。

◆なるべく情報が入らない工夫を

パソコンで作業をする際は、タスクに無関係な「余計な情報」が入らない工夫が必要です。

たとえば、検索し終わった画面をそのままにする人がいますが、これはいただけません。タブはその都度閉じなければ、どこかのタイミングで目にふれ、タスク以外のことを考えてしまうきっかけとなるのです。

また、タスクの種類によりますが、可能であるならば、**タスク処理中はパソコンをオフライン状態にすると、作業がはかどります。**

私の「本の執筆」というタスクであれば、ワードしか使わないため、オンライン状態である必要がありませんので、執筆中はオフラインにしています。

無線LANのオン・オフ切り替えは簡単なので、タスクの種類によっては試してみてください。

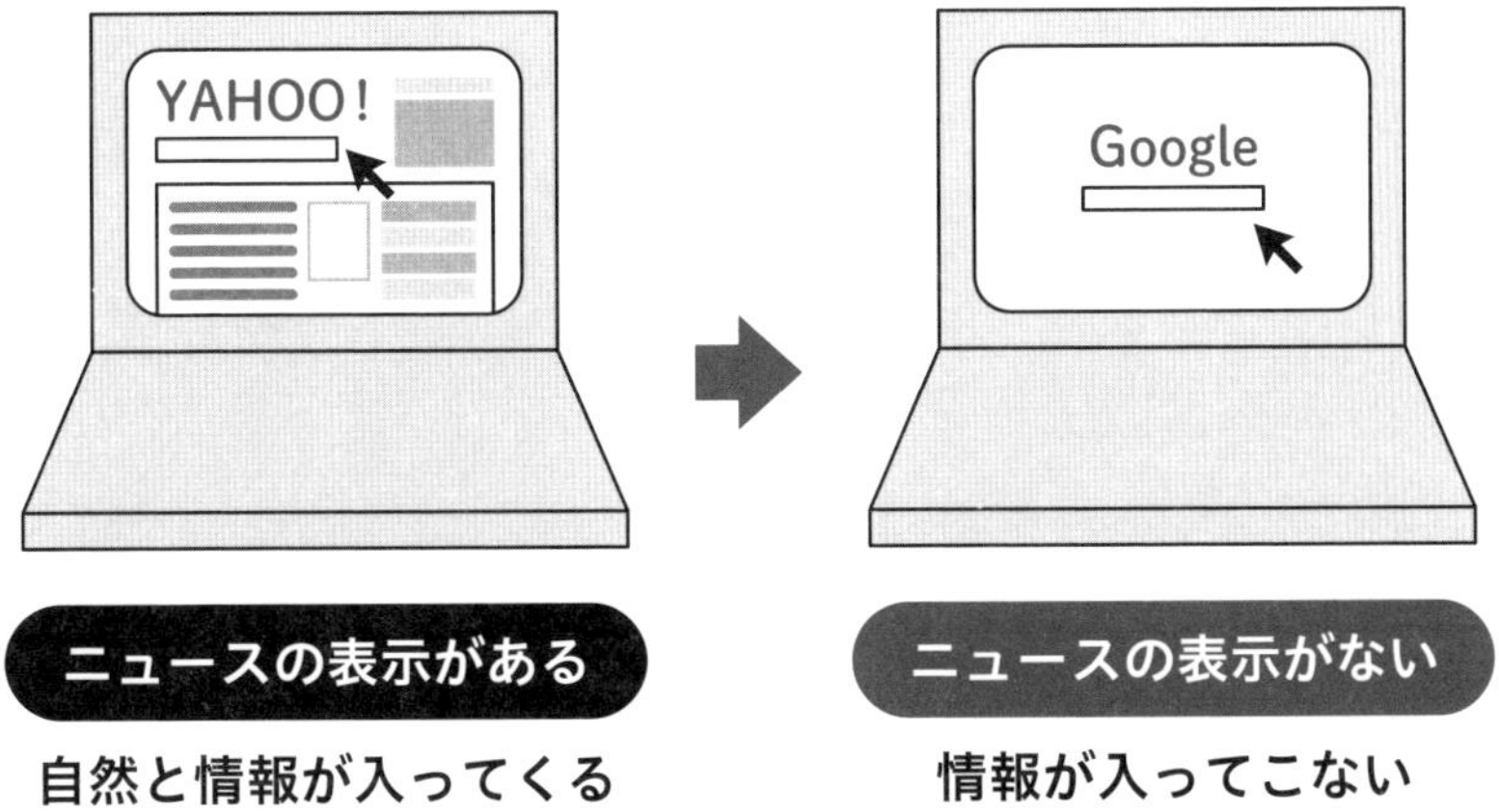

検索エンジンも情報が入らない工夫をする

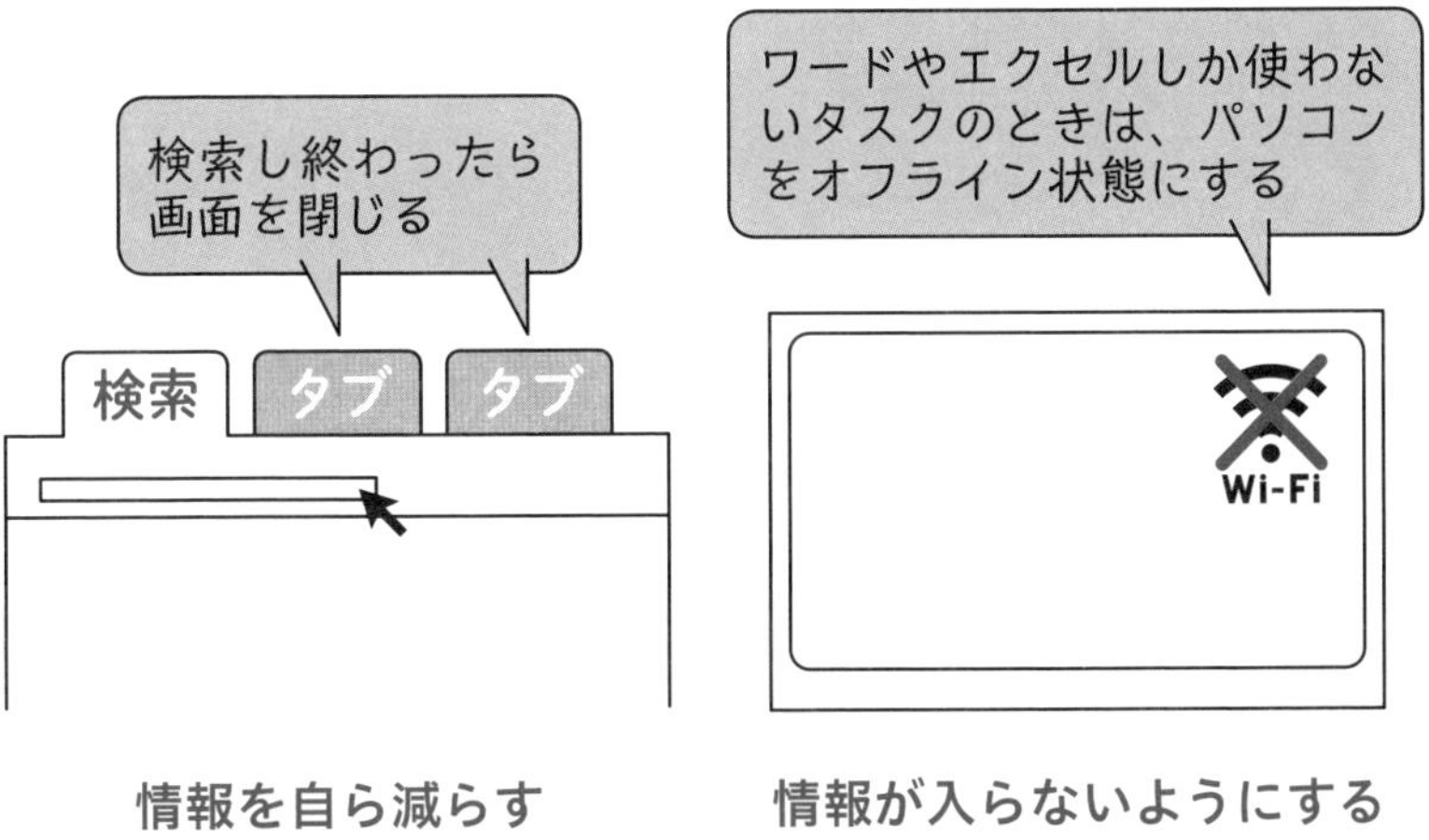

パソコンから不要な情報を追い出す

24 「他人」から集中状態を守る方法

◆コントロールが難しい集中の阻害要因

本章では、余計な情報からもたらされる余計な思考が集中の邪魔をするというお話を主にしました。対処法は、集中を邪魔する原因に自分から近づかないことだと言えます。

一方で、自分ではコントロールが難しい集中を邪魔する要因があります。そう、集中してタスクに取り組んでいるのに、話しかけられることがあるのです。顧客からの電話などで集中が途切れるのはある意味で仕方がありませんが、同僚などから不要不急のことで話しかけられ、集中が途切れるのはやはり避けたいでしょう。

このような、他人からの「集中妨害」とも言える行為には、対抗しなければいけません。無策では、一点集中を実現できないのです。

◆「話しかけるな」ポーズ

世の中には話しかけやすい人もいれば、話しかけにくい人もいます。集中してタスクに取り組むという点では、後者が望ましいと言えます。

タスク中によく話しかけられてしまうという人は、まずは「ポーズ」から改めましょう。**「急用でないなら、この人には今、話しかけるべきではないな」と思わせる仕草をクセにする**のです。

今まで作業の手が止まったときに、頬杖をついているような仕草をしていた人は、それを改めましょう（休憩中と思って話しかけられやすいため）。たとえば、顎を引いて左手で顎を支えて目を閉じたり、肘をつけて親指と人差し指で額を支えたりすれば、考え事をしていると周囲に伝わり、話しかけられる回数が不思議と減ります。

ヘッドホンを
装着する
色や大きさが
目立つ耳栓を使う
考え事を
しているポーズ

周囲からの「話しかけ」を防いで集中力を高める

◆耳栓で他人を撃退

話しかけられることを防ぐには、ポーズだけでは足りません。鈍感な人やおしゃべり好きな人には、考える仕草を見せるだけでは不十分です。

話しかけられる回数を減らすためには、ヘッドホン（あるいはイヤホン）を装着するのが効果的です。ヘッドホンをしているだけで、話しかけても返事がないであろうことがわかるからです。

ただ通常は、職場でヘッドホンなどを使うのは難しいでしょう。音楽を聴いて遊んでいると思われてしまっては、元も子もありません。

おすすめは、耳栓です。耳栓であれば、集中モードであることが伝わり、周囲からも変な感情を持たれることは少ないのです。

なお、ヘッドホンや耳栓は、色や大きさが目立つものが望ましいと言えます。それらを装着していることが、周囲から一目でわかるためです。

◆他人に伝える。大事なのは伝え方

ポーズやヘッドホン・耳栓だけではなく、もっと効果的な方法があります。タスクに集中して取り組むために**話しかけられたくない旨を、隣の席の人などに伝える**のです。

伝える際は、注意が必要です。「今からタスクに集中するので、話しかけないでください」と直接言える場合もあるでしょうが、そうでない場合のほうが一般的です。無用なトラブルを防ぐためにも、伝え方は工夫しなければいけません。

どこまで伝えれば真意が伝わるか、相手を観察してください。

他人の本音を汲もうとする相手であれば、「よし、やるぞ!」と世間話的に一言つぶやけばよいでしょう。

一方で、もう少し鈍感な相手であれば、「今から○○（重要なタスク）をやります。頑張ります!」と、伝え方を変える必要があります。

◆ルール化が理想

集中してタスクに取り組んでいるときに話しかけられたくないことを伝える手段として、「ルール化」ができればもっと効果的です。

たとえば、午前中にまとめて重要タスクをこなすのであれば、「午前中、緊急時以外は話しかけないでください」と周囲にあらかじめ伝え、それを守ってもらうのです。

新入社員の方などは難しいでしょうが、ある程度のキャリアや社内での立場がある方なら、そのようなルールを作り、周囲にあらかじめ伝えおくこともできるはずです。

社内である程度の立場がある人なら、このようなルールを自分の力が及ぶメンバー間で共有すると、全体として生産性が上がります。○時から○時までは各々集中して作業する時間、と決めてしまって、部下たちにも「タスク作業タイム」を与えるのです。

☆伝え方は相手によって変える

相手が理解の早い人の場合

「よし、やります！」

相手が鈍感な場合

「今から○○をやります。
頑張ります！」

☆タスク作業タイムは一人で設けるよりも、
メンバー間で共有したほうが効果的

人に伝えることで「集中力」は確保できる

Task Rule

25 思考は、ずらさない

◆「きっかけ」を排除するだけではダメ

これまで、集中を阻害する「きっかけ」になるのは、目の前のタスクに無関係な情報だとお伝えしました。そんな余計な情報が入らないようにする工夫をお伝えしてきたのです。

ここであえて強調したいのは、余計な情報はあくまでワンタスクを阻害する「きっかけ」であり、**集中を阻害するのは（主に余計な情報によって）余計なことを考えてしまうこと**がその直接原因です。これまでの話は、余計な情報があれば余計なことを考えてしまうため、流入する情報量自体を減らし、きっかけを絶つということでした。

そして、「きっかけ」を排除するだけではなく、いざ思考がタスク以外に向かったら、それをタスクに戻す努力も必要です。

◆思考の「ピント」を合わせる

思考がタスク以外に向かうといえば、タスク中に「次のタスクはどうやって進めようか、今日は帰る前に○○のお店に寄ろうか」などと考えてしまうことがあります。これが、目の前のタスクをこなす妨げになるため、目の前にあるタスクに意識を再度振り向けるのです。

意識を戻すおすすめの方法は、**目を閉じて、余計な考えを振り切り、目の前のタスクに意識をもう一度戻します。****目の前のタスク処理の進捗を、パッと思い出す**こと。「○○の確認まで終わった」と進捗を思い出すのです。

余計なことを考えてしまった際の（進捗を思い出すという）思考の戻し方を決めれば、タスクに意識を戻す方法で迷うことがなくなります。

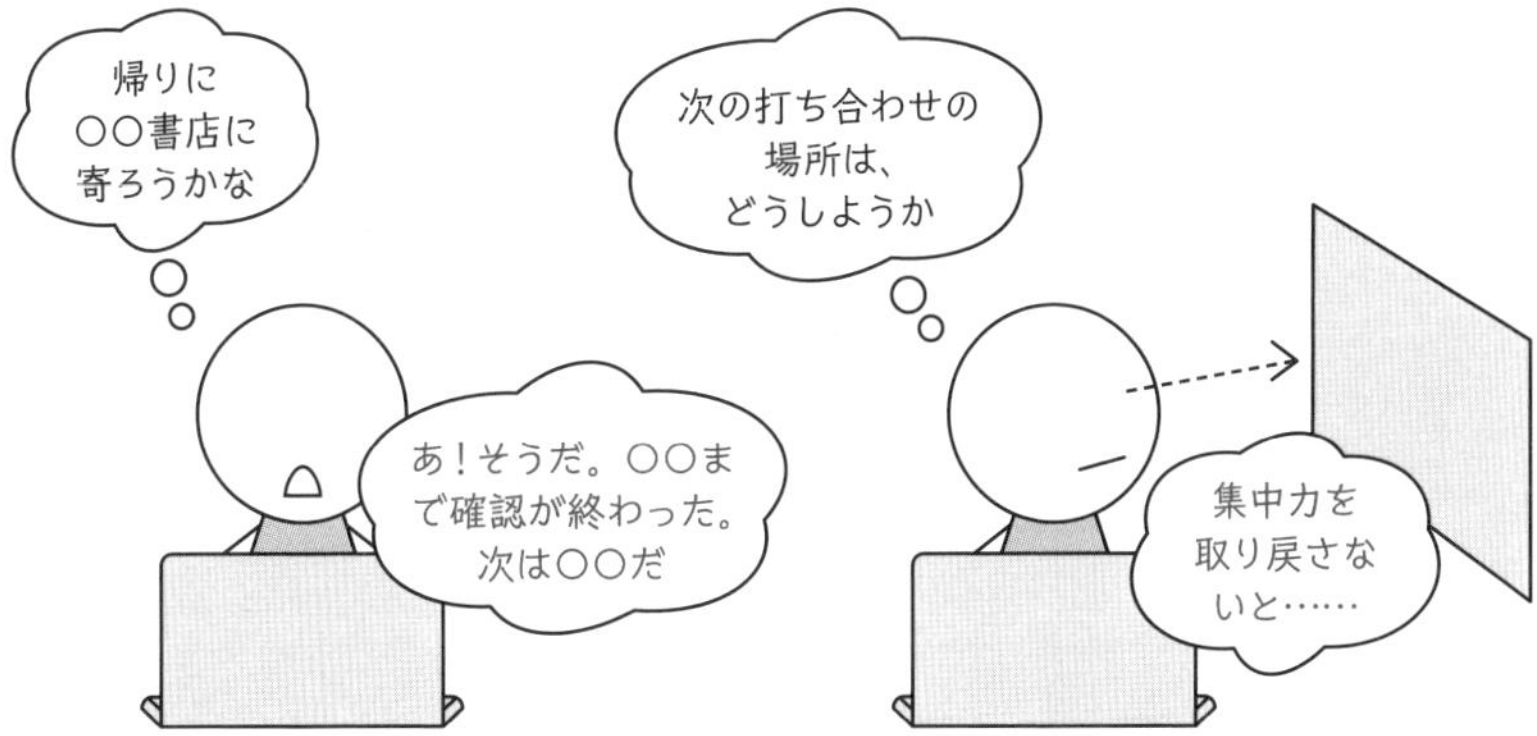

目の前のタスクの進捗を思い出して、思考を戻す

集中が散漫になったら、外の景色を見る

思考が飛ぶことを踏まえ、思考の戻し方を決めておく

◆外の景色を見て、一度頭を空っぽに

「進捗を思い出す」以外にも、思考を目の前のタスクに戻すための工夫はあります。タスクに意識を戻すときに、**具体的な行動を一つ決め、余計な思考が頭をよぎったら、その行動を実行に移す**のです。

簡単にできるおすすめの方法は、集中が散漫になってしまった際に、**外の景色を見る**ことです。

景色を見る際のポイントは、いつも同じ場所を見るということ。「ここ」を見るときは、集中を取り戻さないといけないときなのだと、強く意識するのです。

私は、事務所で仕事をしていて集中が目の前のタスクから離れたら、回転椅子で体をくるっと回し、窓の外を見ます。窓から見えるのは決まって通りの向かいのビルですが、これが目に入ると、邪魔な思考を頭から追い出すときだとわかります。

◆休憩の作法

意識を目の前のタスクに戻すといっても、疲労でなかなか集中しにくいことだってあるでしょう。疲れたときは、休憩を取る。これは大事です。

ただ、休憩にはいくつか注意点があります。

一つ目。お手洗いに行く、オフィス内の自動販売機で飲み物を買うなどの短時間の休憩であれば、**何も考えないこと**が最も効果があります。

短時間の休憩だからといって「今日の夕飯は何にしようか」など考えていると、タスク処理に戻る際に、意識がそちらに引きずられてしまいます。

二つ目。**休憩だからといって、スマホやタブレット、パソコンでネットサーフィンをする方がいますが、これもいただけません。**余計な情報を頭に入れることで、それが余計なことを考えてしまうきっかけとなり、集中が阻害されるためです。

余計な情報は、とにかく排除するのです。

情報を得ることはいいことであるという価値観があるでしょうが、ネットのニュース情報を見ても、さほど得することはないと気づいてください。世の中のニュースの多くは、報道関係者でもない限り、じつは自分にはさほど関係がないものばかりなのです。

三つ目。昼休みなどのまとまった時間の休憩を取ったあとは、休憩からタスク処理にスムーズに戻ることができるように、思考の準備運動をします。休憩の終盤になったら、**デスクに戻る途中で、タスクの進捗を思い出してみる**のです。

たとえばランチが終わり、歩いてオフィスに戻るときに、「○○までは終わった、次は○○から着手するのだったな」と考えながらオフィスに戻りましょう。

休憩中だからといって、最後の最後まで意識が別のところにあれば、なかなかタスクに意識を戻しにくくなるためです。

「集中」のための休憩

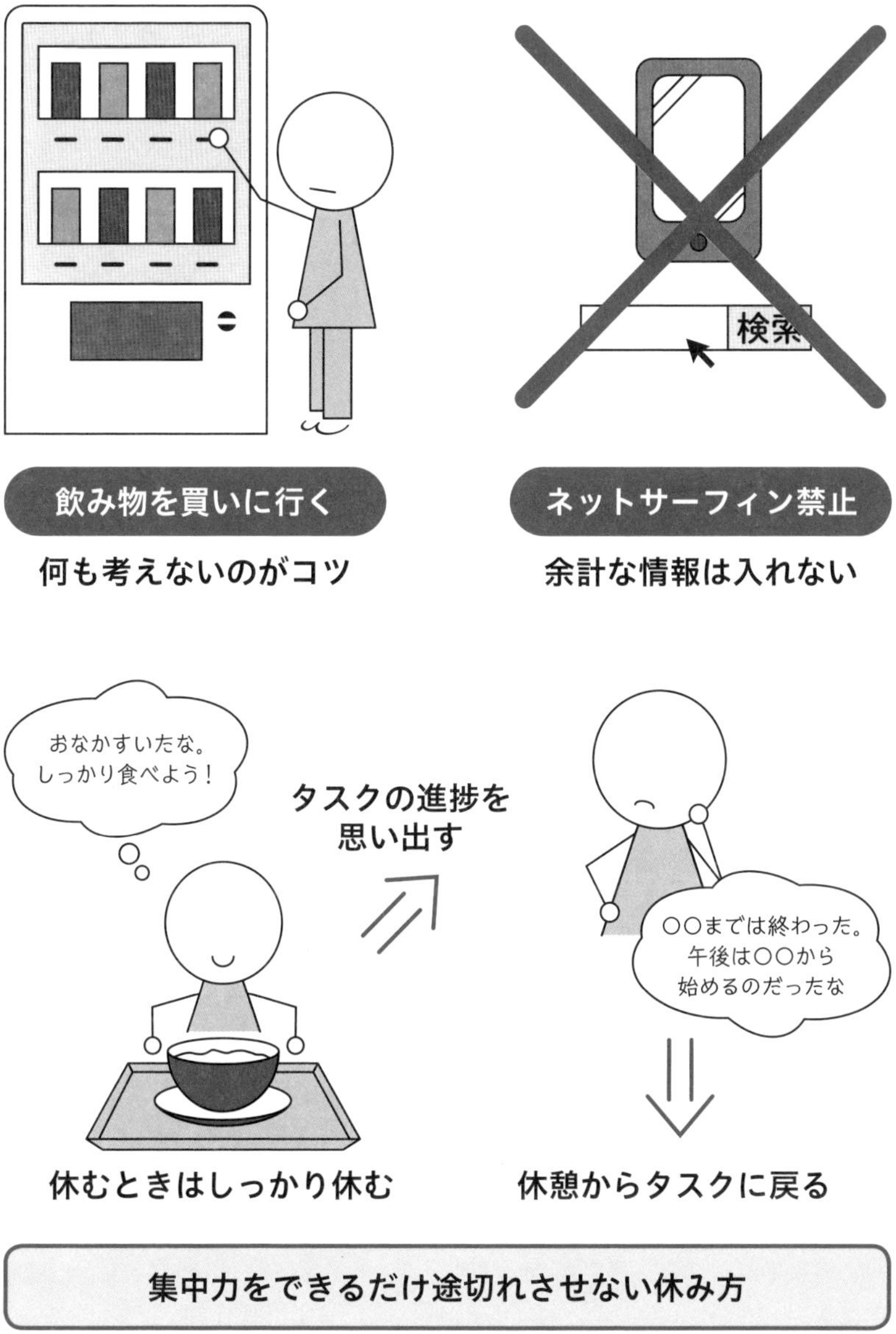
飲み物を買いに行く
何も考えないのがコツ
検索
ネットサーフィン禁止
余計な情報は入れない
おなかすいたな。しっかり食べよう！
タスクの進捗を思い出す
○○までは終わった。午後は○○から始めるのだったな
休むときはしっかり休む
休憩からタスクに戻る
集中力をできるだけ途切れさせない休み方

column 4

有益な情報を得る

第４章でも多くふれましたが、スマートフォンなどのデジタル機器が、私たちの集中を阻害しているのは間違いありません。

確かに現代では「情報」こそ価値の源であるため、インターネットで、情報がいつでも、いくらでも入手できることは素晴らしいと言えます。いち早く良質な情報に接することができれば、他者を出し抜けるのですから。

しかしながら、ネットの世界には「１」の有益な情報に対して、無益な情報（場合によっては害にすらなる）は「99」ほどあります。いえ、「99」よりも、もっと多いのかもしれません。

第４章では、このような無益な情報をなるべく追い出す（あるいはふれない）方法をご紹介しました。スマートフォンやパソコンなどの扱い方には、特に注意が必要なのです。

これと同時に、私たち各々が、有益な「１」の情報にピンポイントでふれる工夫もしなければいけません。

「速報性」という観点からはインターネットに勝るものはありませんが、正確性を重視し、アナログな「本」で情報を収集するのもよいでしょう。

インターネットで情報を収集する際は、ネットサーフィンを防ぐため、信頼のある特定のサイトをいくつかピックアップしておき、それしか閲覧しないと決めることも有効でしょう。

情報の接し方を工夫しなければ、それこそ情報の海に溺れてしまい、集中などできないのです。

第5章

「ワンタスク戦略」を加速する

Task Rule

26 「スピードこそ大事」という発想

◆スピードを意識する

いくつものタスクを抱えるのが現代人ですが、一つひとつのタスクを着実にこなし、成果を上げるためには、ある程度の速さでタスクを処理しなければいけません。タスク処理を加速し、可能な限り早くタスクを終わらせるのです。

具体的な工夫を解説する前に、お伝えしたいことがあります。それは「スピードこそ大事・できるだけ速くやる」という発想を持って日々のタスクに取り組むこと。**スピーディーにタスク処理を進めたほうが、早くタスクが終わるだけではなくタスク処理の精度が上がり、さらには負担も減る**のです。

そもそもですが、時間をかけてタスクに取り組むことは、効率が実に悪いと言えます……。

◆時間をかけること自体、非効率

たとえば、集中すれば3時間ほどで終わるタスクを、3日に分けて1時間ずつ取り組むとします。この状況なら、3日に分けてもトータル3時間で終わるように思えますが、タスク処理を終わらせるためには3時間以上かかり、さらには成果物の質も下がることになりかねません。タスク処理が複数の日にまたがることで、2日目と3日目は、「それまでの作業を思い出す」ことから始めなければならず、余計に時間がかかるのです。

1日で終わらせるにしても長時間かけるのなら似たようなもので、長時間そのタスク処理に関する情報を、頭に置いておかねばなりません。思い出したり頭に情報を置き続けることに労力を要するので、効率が落ちるのです。

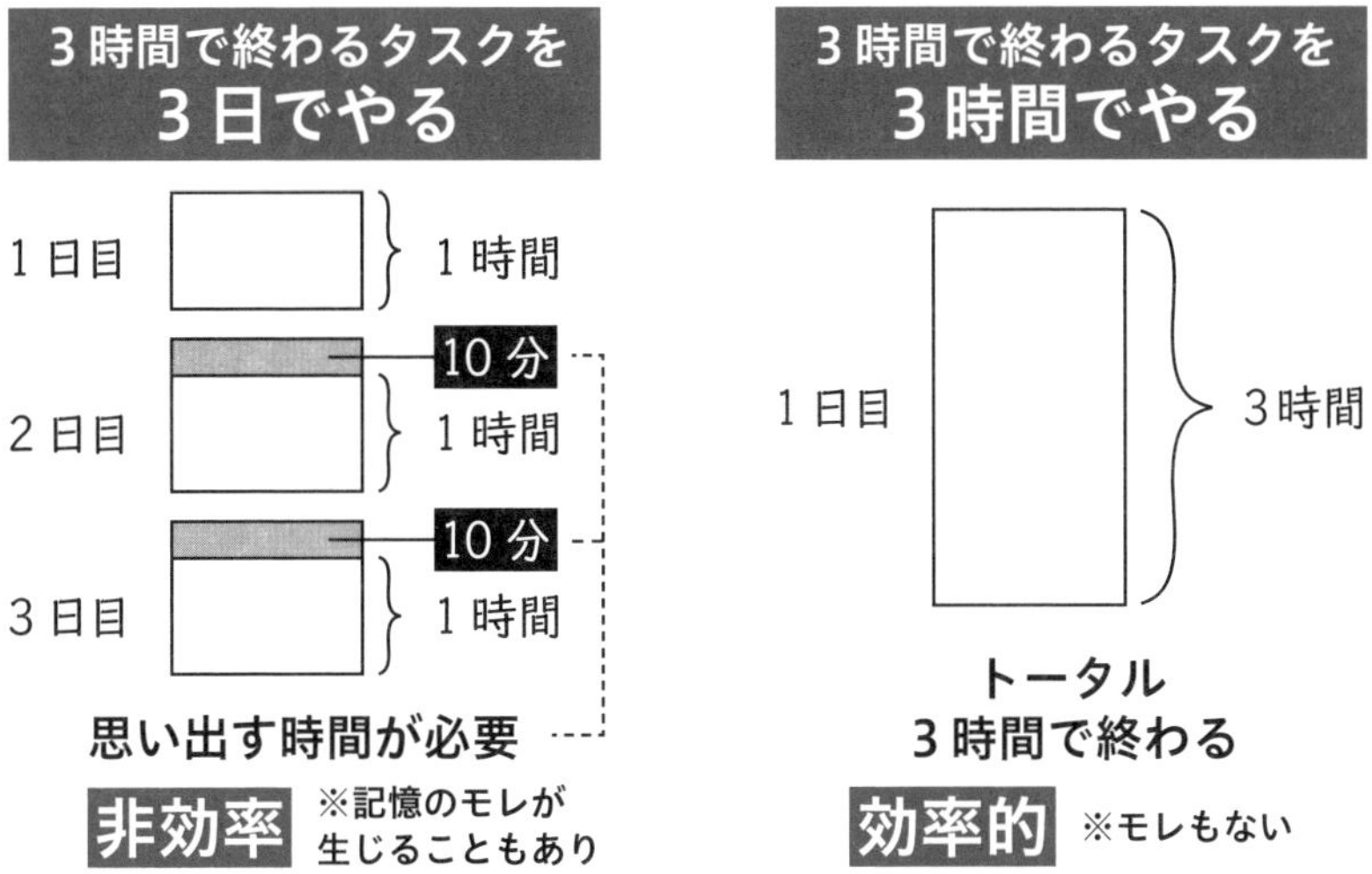
３時間で終わるタスクを
３日でやる
１日目
１時間
10分
２日目
１時間
10分
３日目
１時間
思い出す時間が必要
非効率
※記憶のモレが
生じることもあり
３時間で終わるタスクを
３時間でやる
１日目
３時間
トータル
３時間で終わる
効率的
※モレもない

スピーディーな仕事は精度を上げつつ負担が減らせる

◆「仕事は忙しい人に頼め」は正しい

話は変わるようですが、仕事を頼む場合は忙しい人に頼んだほうがよい、とよく言われます。仕事が集中するほどの忙しい人に頼んだほうが、不思議なもので早く仕事が完了し、さらには仕事の質も高いものです。

仕事が集中するほどの忙しい人はみな、意識しているか否かはさておいて、「スピードこそが大事」ということを知っています。可能な限り速く仕事をこなすことが、タスク処理にかかるトータル時間を減らし、多くの仕事を効率的に処理することにつながるのです。

また、仕事が集中する人は、それまでの過程を思い出すことや、情報を頭に置き続けることは、どこかで記憶の「モレ」が生じて、結果として仕事の質が下がる可能性があることも知っています。

スピードこそが作業時間を減らし、質を向上させる「武器」なのです。

◆タスク処理を加速するための二つの意識

スピーディーにタスクを処理するためには、二つの点を意識しなければいけません。

まず一つ目。それは単純に**「集中した状態で、できるだけ速くやる」**こと。人は一つにしか意識を向かわせることはできないため、その一つについては、できるだけ集中し、可能な限り早く終わらせることを意識するのです。

そして二つ目。それは**無駄な時間を省き、タスク処理そのものに時間を使う**ということです。タスクに時間をかけていると思っていても、意外とタスク処理以外にかかっている時間があります。無駄な時間を省き、タスク処理に使う時間を増やすことが、複数のタスクをスピーディーにこなすことにつながります。

一つのタスクに集中し、可能な限り速く、無駄なく日々を過ごしてください。

◆最短で終わらせるためには

この2点以外にも、重要なことがあります。それは、**1日のタスクが終わったら、その日のタスク処理を振り返って反省する**ことです。

今日1日を振り返って、「もっと時間を短縮できた作業があるのではないか」「午前中に取り組んだタスク、60分かかったが、45分でもできたのではないか」と振り返ってほしいのです。

私は、オフィスを出て自宅に帰る際に、毎日この「振り返り」をしています。帰宅途中は、その日の夕飯や寄り道などについて考えることが多いものですが、今日のタスク処理を振り返り、より少ない時間でタスクを処理する方法はないかを考えるのです。もちろん帰路の間ずっと考えるのではなく、ものの5分や10分の話です。

「最短で終わらせるためには」の発想を持って、毎日を過ごすことが大切なのです。

スピードアップのための3つのステップ

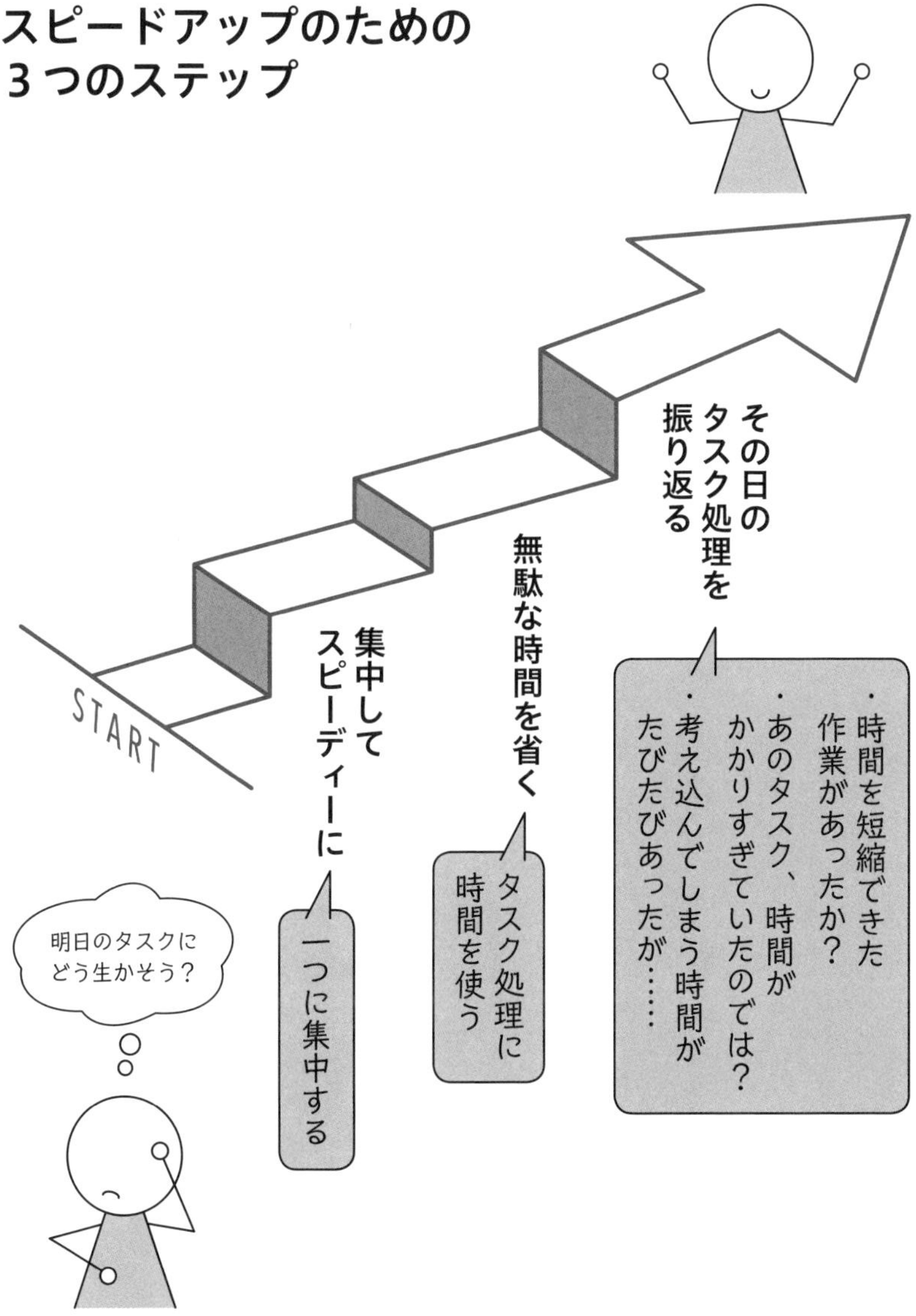

常に「最短で終わらせるには、どうするか」を考える

27 タスク処理の「出口」を決める

◆効率的にタスクを処理するために

スピーディーにタスクを処理するためには、その工夫が重要です。

結果を出すためには、一点に集中するだけではなく、スピーディーにこなすことも大切なのです。ここから、スピーディーにタスクをこなすための具体的な工夫をご紹介します。

そもそもですが、どのような場面で、タスク処理のスピードが落ちるのでしょう。タスク処理のスピードが落ちる状況や場面を明らかにして、その対策を講じることが有効です。それが、タスク処理を加速する工夫につながるためです。

スピードが落ちる場面として、「タスクに取りかかり、そのタスクの終わりが近づいたとき」が挙げられます。続けて説明しましょう。

◆出口を探す「手探りの時間」

タスクには、数十分で終わるものがある一方で、数日・数週間かかるものが多くあります。たとえば、大切な会議で発表するプレゼンの資料作りは、少なくとも数日はかかるものでしょう。

数日・数週間かかるタスクは、物理的に1日では終わらないことから、終わりが近づくと、どこかで「きり」をつけて終わらせます。きり、つまり「今日はここまで」の判断が必要になるのです。

「今日はここまで」の判断をめぐって、タスク処理のスピード・効率が落ちることがよくあると気づいてください。今日の終わり（出口）を手探りで探し、「今日のうちにもう少しやれることがあるのではないか」などと考えているうちに、時間が刻一刻と過ぎていくのです。

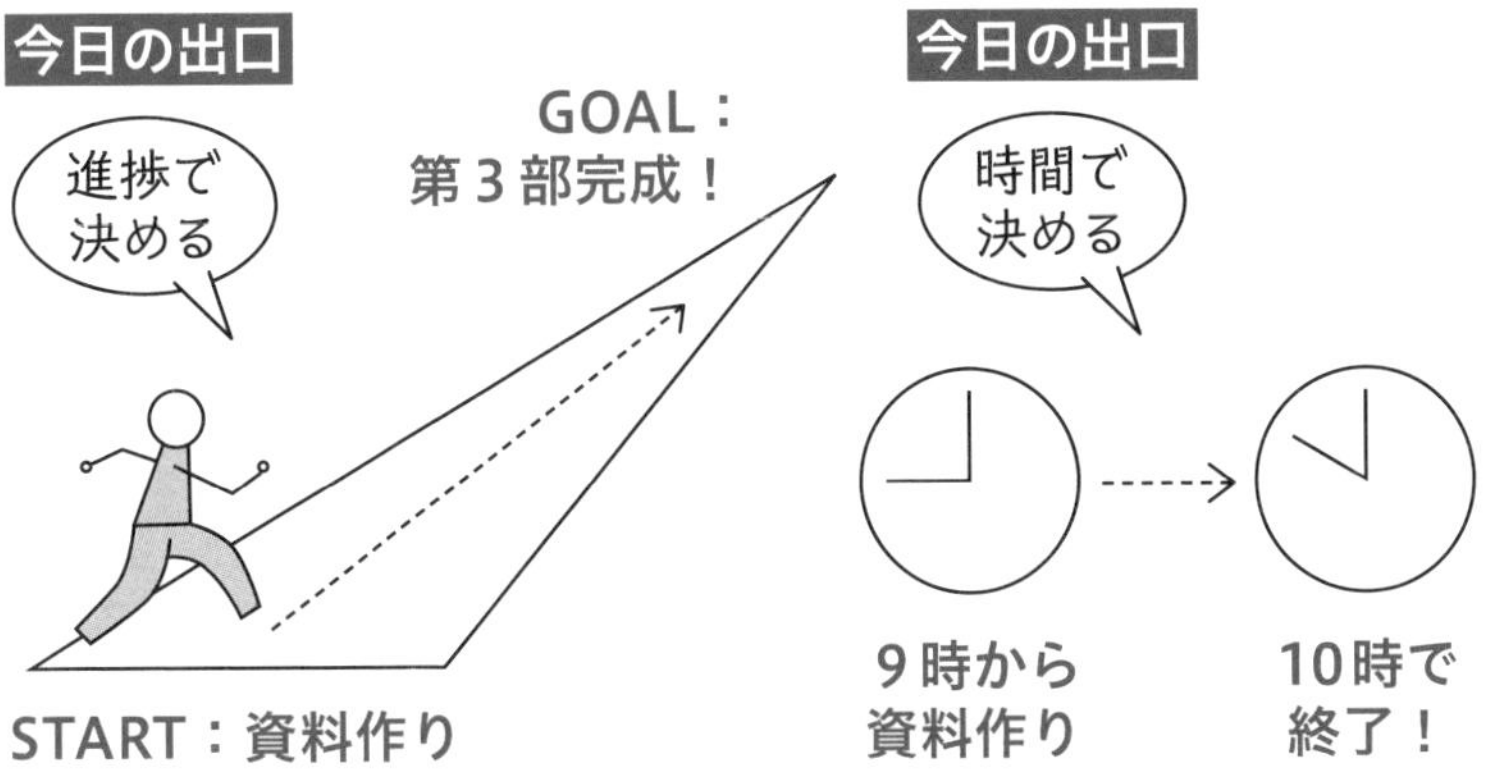

「今日の出口」を探しながら走るのではなく、
「今日の出口」を意識してから走り出す

タスクに取りかかるときは、必ずゴールを決めてから

◆「出口」を決めてからタスクに取りかかる

1日では完結しないタスクに取りかかるのなら、今日の「出口」を最初に決めましょう。たとえばプレゼンの資料作りなら、始める前に「今日は第3部を作成して終わり」と決めるのです。

強調したいポイントは、**タスクに取りかかる前に出口を決める**ということ。「今日はここまでやれば終わり」という出口を決めてから、タスク処理に取りかかるのです。

出口を決めるときは、あまり考えすぎず、短時間で決めます。

決め方は後述しますが、出口を決めることはいわば「タスクのためのタスク」であって、ここに時間をかけてほしくないのです。

なお、具体的にどこまでやっておしまいにするか、決めることが難しい場面もあります。そんなときは、時間で区切る方法もあります。「今日は1時間でおしまいにする」と決めてしまうのです。

◆今日の「出口」はこう決める

数日・数週間かかるタスクに取り組む際は、「今日の出口」は次のように決めましょう。

まず、**タスクをきりのよい単位で分けます。**プレゼン資料なら、①検討事項の概要、②競合他社の状況、③新規提案という三つに分けることができたとします。

次に**「今の状況で部分的に完結できること」に優先して取り組みましょう。**プレゼン資料の「競合他社の状況」は、他部署から提供されるデータに基づいて作成するのなら、それは後回しにし、それ以外の箇所を今日の出口とするのです。

また、**最後に取り組むほうが修正が少なくなる箇所は、後回しにする**ことも大切。プレゼン資料の「概要」などは、ほかの部分の影響を受けるため、ほかの箇所が終わっていないのなら、ほかの箇所を「今日の出口」にするのが賢明なのです。

◆タスク処理の前・途中で「出口」を確認

実際にタスクを処理するときは、**「今日の出口」を明確にしてから取りかかりましょう。**「プレゼン資料については、今日は第3部の新規提案の箇所だけやる」と頭の中ではっきりと意識してから取りかかるのです。

また、**タスク処理の途中でも、「今日の出口」を意識**します。1時間や2時間にわたってタスクに向かい合っていると出口を忘れかけてしまうこともあるため、途中で「今日の出口」を思い出してみるのです。

今日の出口を設定するといえば難しく聞こえるかもしれませんが、そんなに難しく考える必要はありません。「今の状況でほとんど完結できる箇所」を見つけ、「今日はここを攻めよう、ここまででおしまいにしよう」と意識してからタスク処理に取り組むのです。

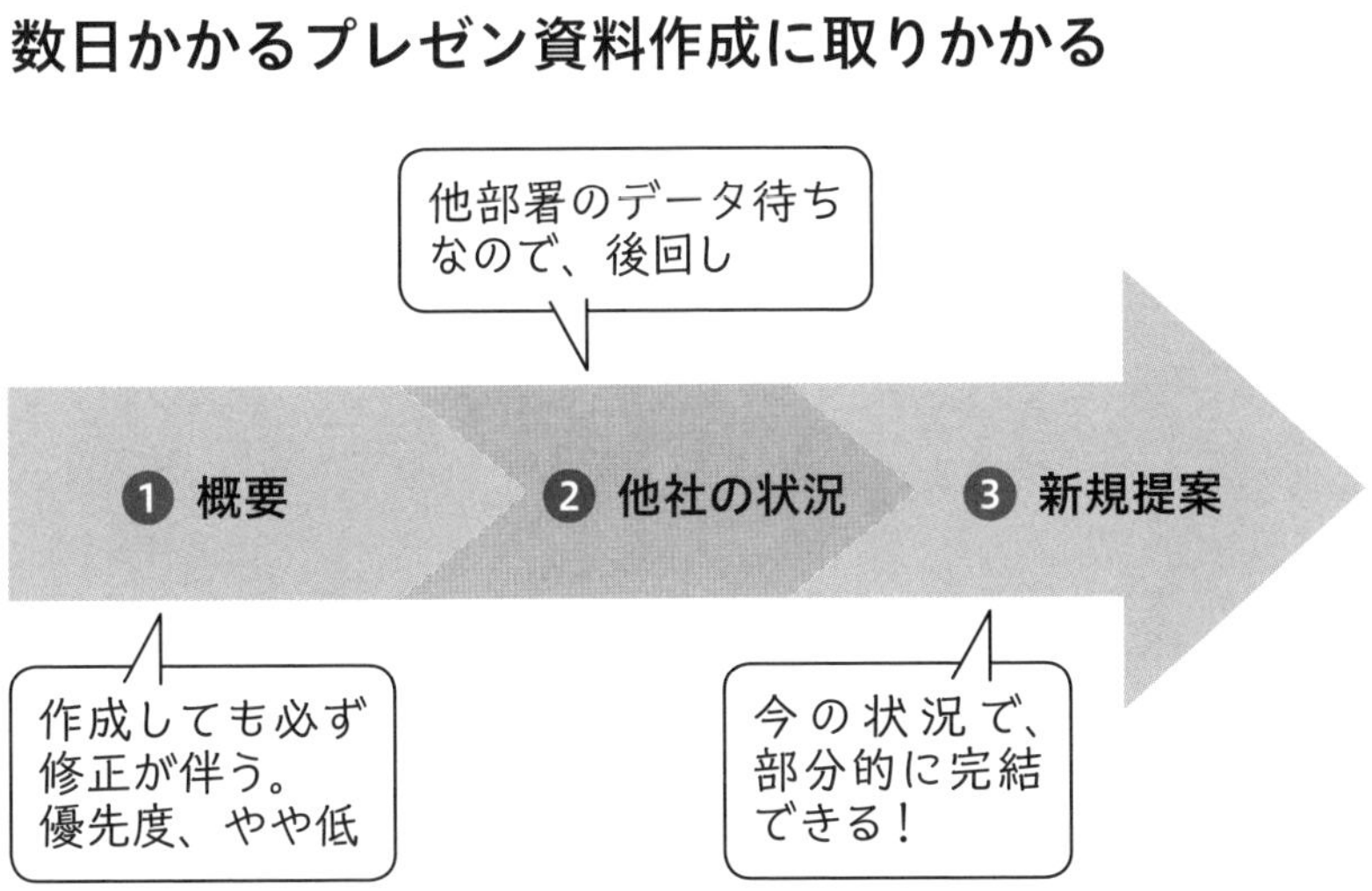
数日かかるプレゼン資料作成に取りかかる
他部署のデータ待ち
なので、後回し
❶ 概要
❷ 他社の状況
❸ 新規提案
作成しても必ず
修正が伴う。
優先度、やや低
今の状況で、
部分的に完結
できる！

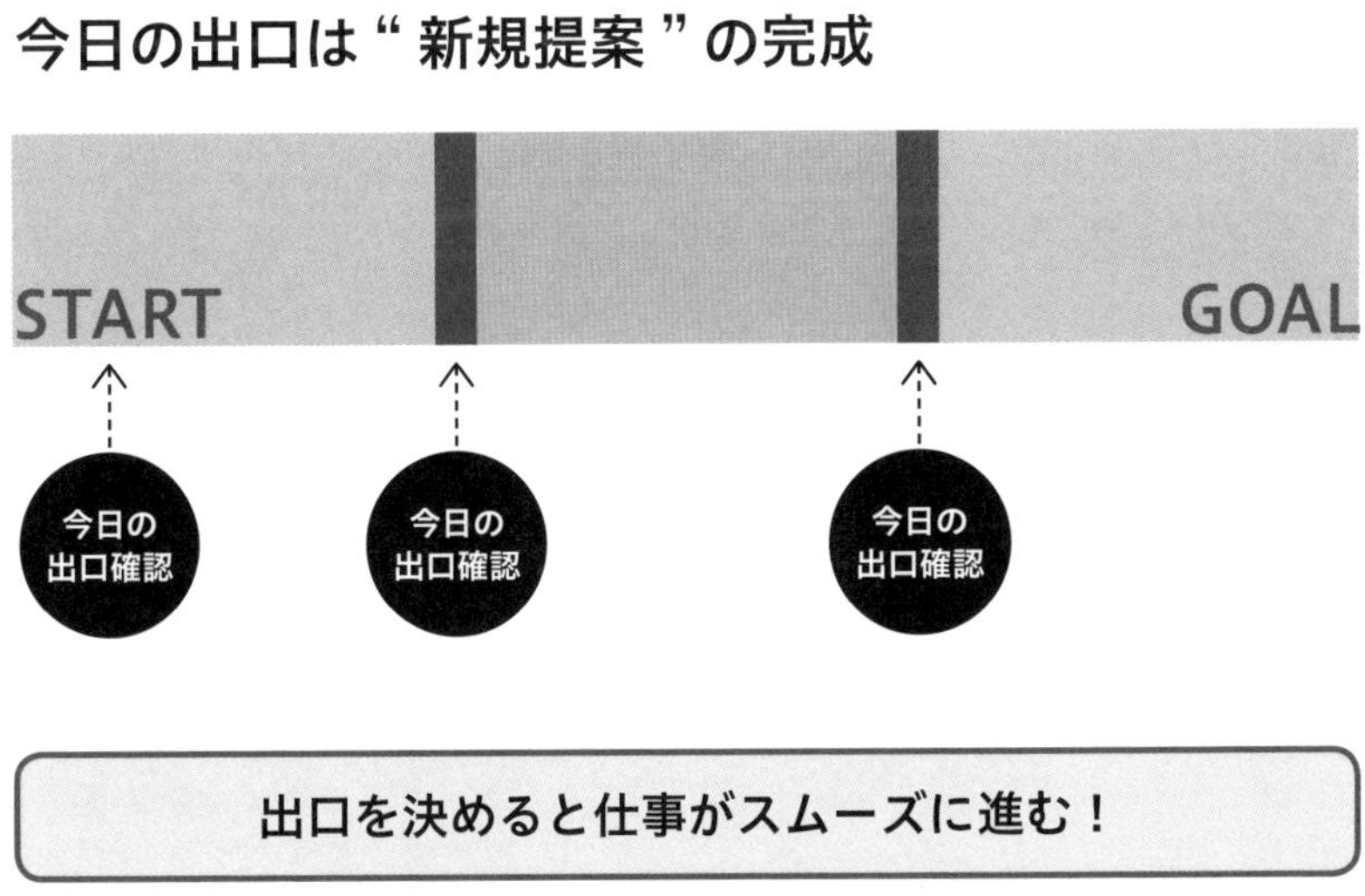
今日の出口は“新規提案”の完成
START
GOAL
今日の
出口確認
今日の
出口確認
今日の
出口確認
出口を決めると仕事がスムーズに進む！

28 「タスク後回し法」で没入感をキープ

◆タスクの処理スピードが落ちるとき

タスクに取り組んでいて、処理スピードが落ちるときがあります。その一つとして、タスク処理に、いわば「つまる」ときがあるでしょう。それまでは順調に作業を進めていたにもかかわらず、急に前に進まなくなる状況があるのは、あなただけではありません。このように、**タスク処理をしていたのに、思うように作業がはかどらず、集中や思考が鈍くなるときに要注意**です。

この集中や思考が鈍くなるときに備え、対策が必要です。一つのタスクにすら集中できない場面は、絶対に避けなければいけないのです。

では、どのように対応したらよいのでしょう。「つまる」場面が、いつどのように起こるかを明らかにすることから解説します。

◆いつ、どのように「つまる」のか

「つまる」場面がいつ訪れるのか、それは急であることがしばしばです。はじめは順調にタスク処理をしていたのに、ある段階になると急に壁にぶち当たり、作業が滞ってしまう——。このような場面に出くわすことは珍しくありません。

そして、どのようにつまるのか。それはアイデアが出なかったり、考えても答えにたどり着かなかったり、このような場合が多いと言えます。考えても考えても結論が出ず、デスクに向かったまま10分、20分と時間だけが過ぎていく場面です。

急に訪れる思考の一時停止である「つまり」に対応するための方法は、一つです。その方法とは、**タスクの順番を変える**こと。**つまっているタスク処理を、「後回し」にする**のです。

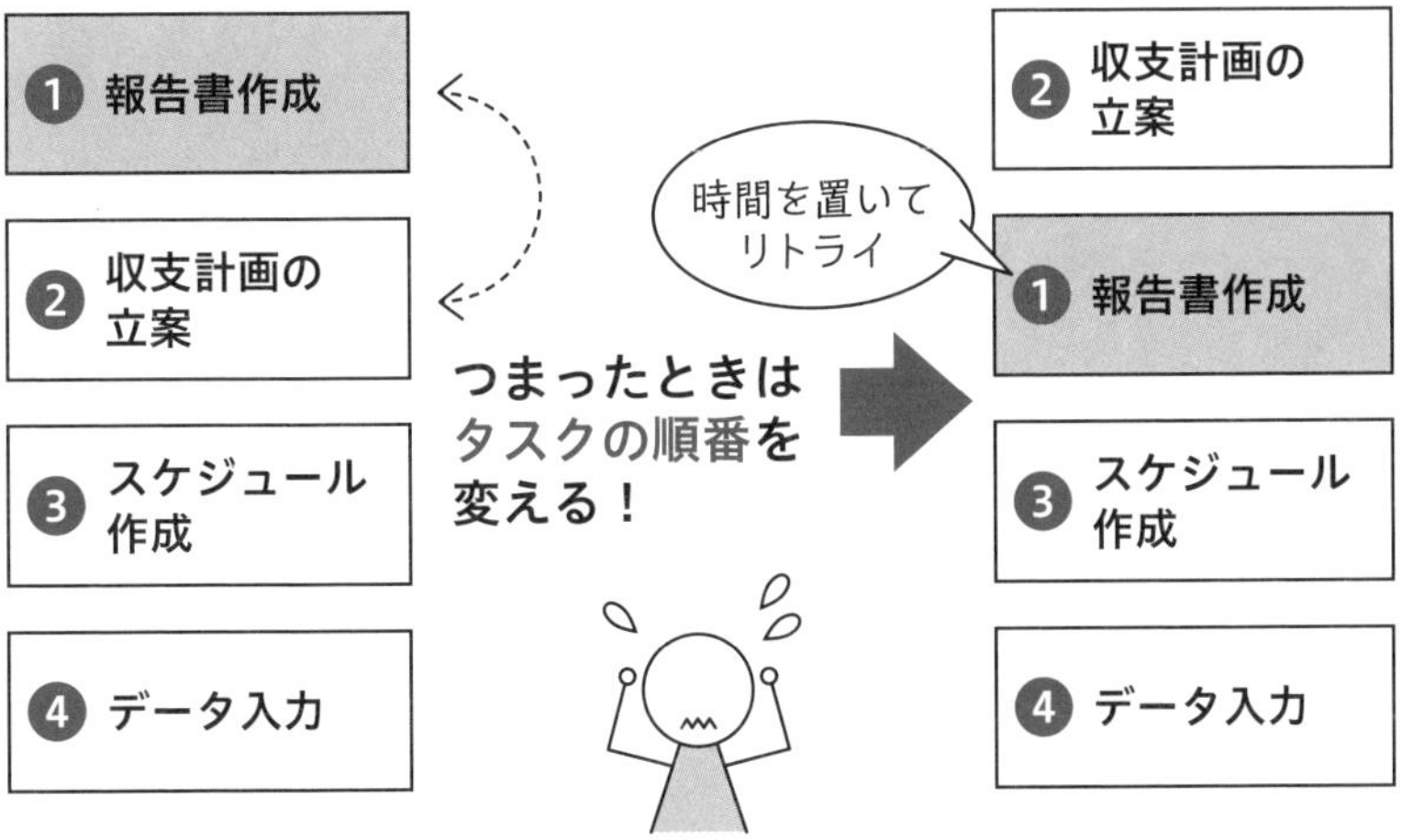

目的はタスクの達成！　タスクの順番にとらわれない

◆時間が経てば、ひらめくことがある

今のタスク処理につまったら、そのタスクを後回しにします。

たとえば、目の前のタスクをその日の最後に取り組むことにして、**次のタスクにさっさと移る**のです。

次のタスクに移り、時間が経った頃につまったタスクに取り組めば、意外とスムーズに処理できることがあります。**時間が経つことで頭が一度リセットされ、アイデアがひらめくことがある**のです。

そしてひらめきは、リラックスした状態に起こりやすいと言われています。お風呂に入っているときに急にアイデアが出たり、答えを思いついたりすることがあるのです。

この特性を利用するなら、つまったタスクに取りかかる前にリラックスします。簡単なのは、タスクにリトライする前に数分散歩に出ることです。

◆タスクの後回しは、物理的にも

第2章で詳述した「ワンタスク戦略」では、取り組むタスクの順番を頭の中で意識するだけではなく、物理的にもその順番がわかるようにするべき、というお話をしました。意識しただけでは忘れてしまうため、外から見ても「今日はこの順番」というのを明確にしておくのです。

タスクを後回しにしたときは、もちろん物理的にもそれがわかるようにしなければいけません。やはり、意識するだけでは足りないのです。

タスクの資料を順番通りに重ねて置く方は、後回しにしたタスクの資料を、たとえば一番後ろに移してください。

付せんでタスクの順番を管理している方は、後回しにしたタスクの付せんを、一番後ろに貼り直しましょう。物理的にも、タスクが後回しになったことがわかるようにするのです。

◆後回しにする判断の基準

タスクを後回しにするのは、タスク処理に「つまったとき」です。難しいのは、どのようなときに「つまった、後回しにしたほうがいい」と判断できるのか、ということです。

ここで、**後回しにする際の判断基準を、自分の中で決めておく**ことをおすすめします。

たとえば、5分考えても何も作業が進まないときがあります。そんなときは、3分だけ瞑想の時間を設け、頭をリセットしてもう一度タスクに取りかかります。それでもアイデアが浮かばず、また5分経ってしまったら、そのタスクは後回しにします。これだと「5分＋3分＋5分＝合計13分」で、後回しの判断をしたことになります。

思考が求められるタスクであるほど、つまることは少なくありません。後回しにする判断基準を決め、スピーディーにタスクを処理しましょう。

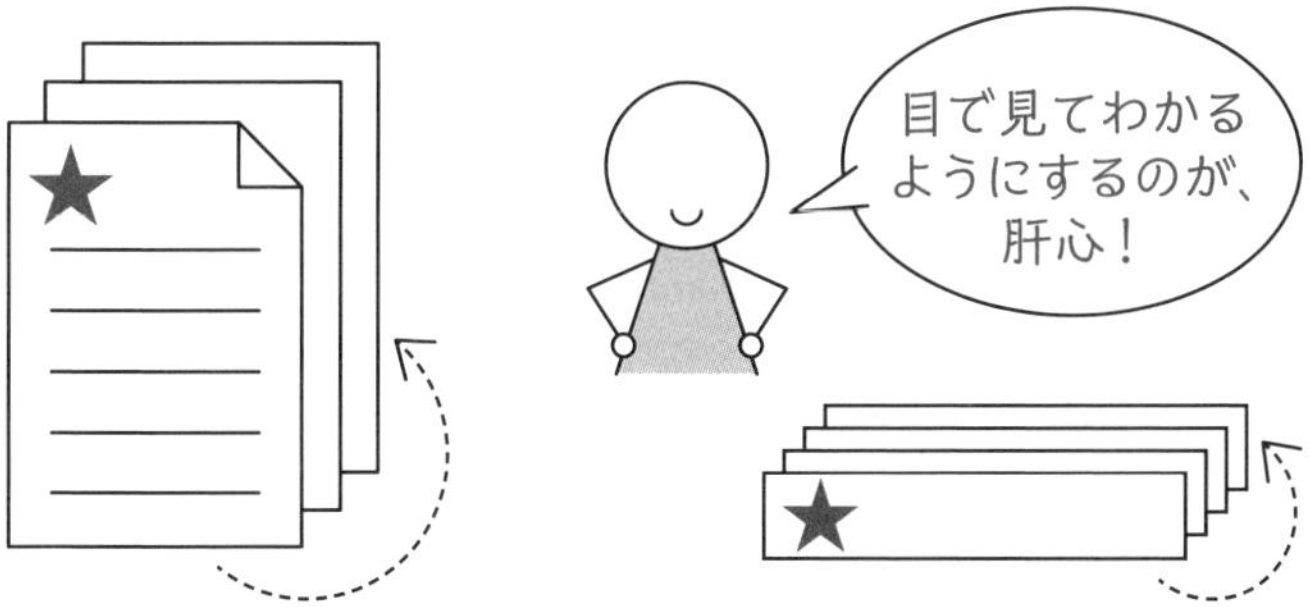

**後回しにする
タスクの資料は、
たとえば一番後ろに**

**タスクを明記した
付せんも、
たとえば一番後ろに**

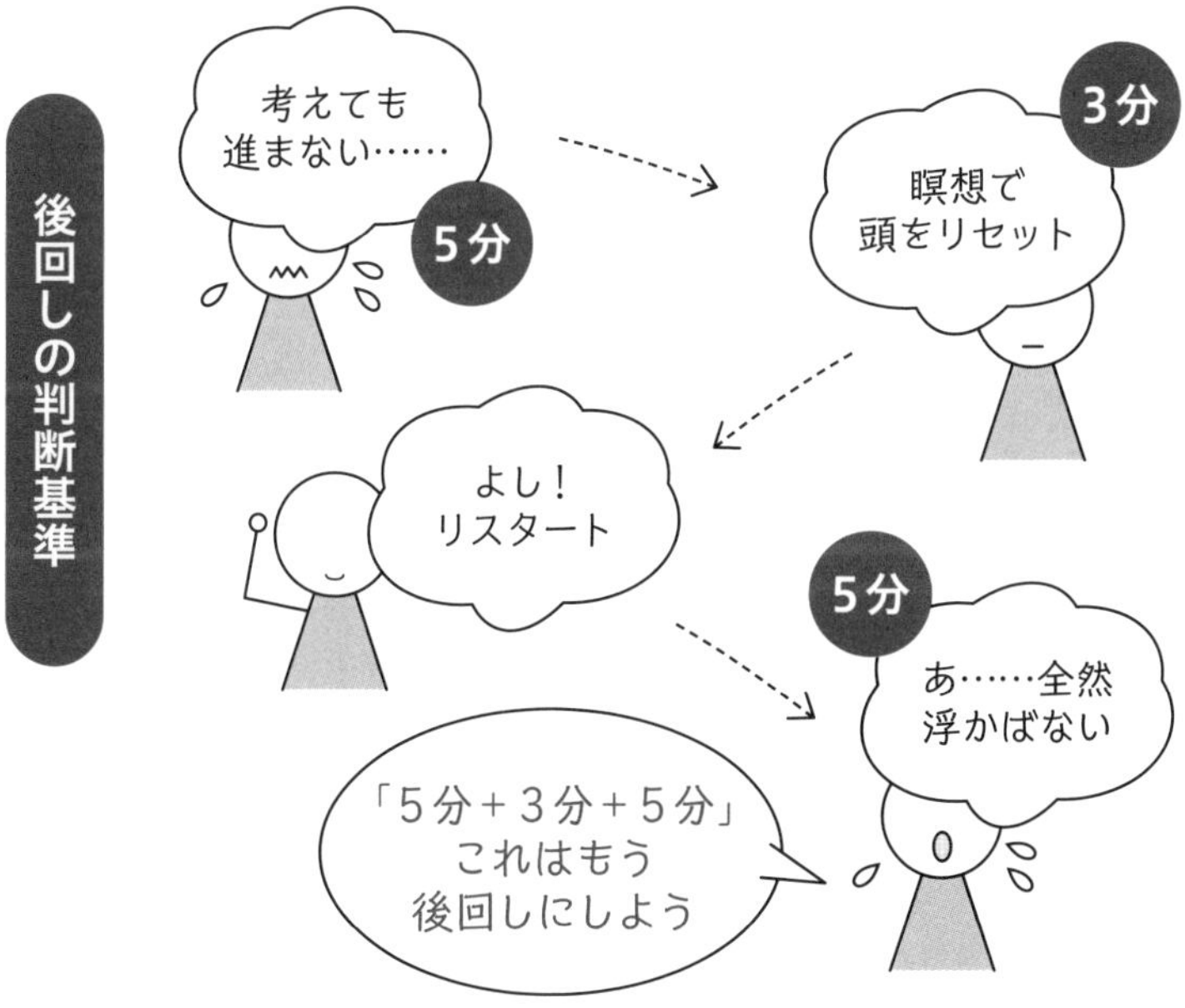

自分なりの後回しの判断基準を持つ

29 できること・しやすいことから始める

◆何から何まで後回しにしてはいけない

つまったタスクは後回しにして、次のタスク処理に移ればいいと述べました。つまったタスクにこだわっていては、時間だけが刻一刻と過ぎ、スピーディーな処理ができないためです。

しかし、何から何まで後回しにしていては、それこそタスク処理が終わらなくなってしまいます。部分的にでも、処理できる箇所は処理したほうがいいのです。

つまり**後回しにするといっても、それはタスクの中の「つまった部分だけ」**にできるのであれば、それに越したことはありません。書類作成タスクにおいて、第1部、第2部、第3部のうち、第2部だけなかなか書き進められないのなら、第2部だけを後回しにするのです。

◆部分的に後回しにするために

タスクのうち、つまった部分だけを後回しにするには工夫が必要です。その工夫は、71〜73ページでも述べましたが、タスクのうち**「できることから始める」**、ということです。

書類作成タスクを、また例に出します。第1部、第2部、第3部があって、第2部で壁にぶつかりそうだとあらかじめわかっているのなら、第1部と第3部を先に片づけ、第2部は最後に着手するようにします。

順番としては「第1部→第2部→第3部」でしょうが、その順番通りに物事を処理しなければいけない、という決まりはありません。

困るのは、タスクの中で壁にぶち当たる箇所の予想ができない場面です。

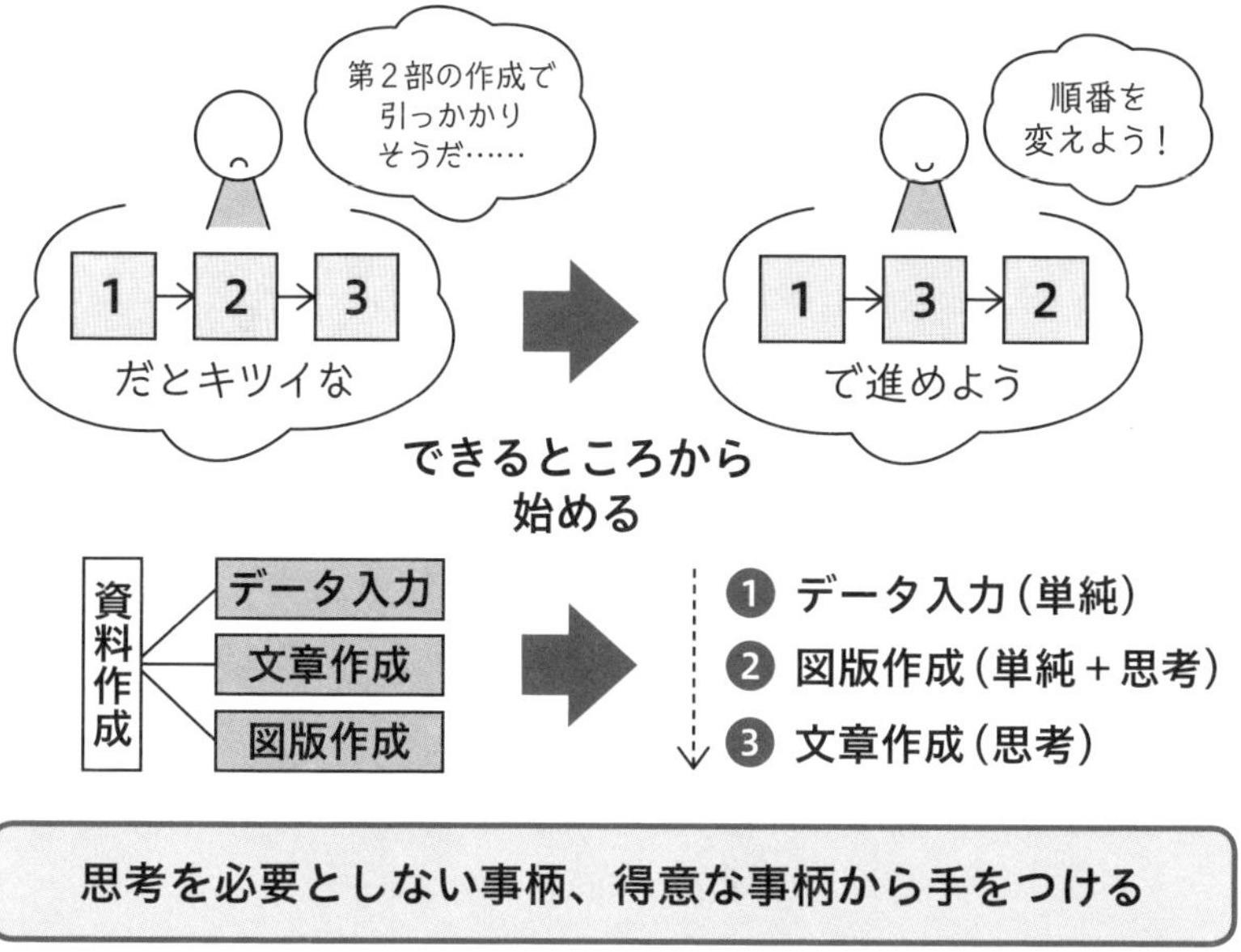
第2部の作成で引っかかりそうだ……
1→2→3
だとキツイな
順番を変えよう！
1→3→2
で進めよう
できるところから始める
資料作成
データ入力
文章作成
図版作成
❶ データ入力（単純）
❷ 図版作成（単純＋思考）
❸ 文章作成（思考）
思考を必要としない事柄、得意な事柄から手をつける

つまりそうな箇所の予想ができない場合は、そのタスクのうち、**「思考が不要な箇所」から片づけましょう。**単純作業などであれば、壁にぶつかってつまるということは、まずないためです。

「思考が必要な箇所」が残ったら、それらの中で**得意な箇所・そのときの状況で手をつけやすい箇所から進めていきます。**そして最後に残るのは、思考が必要であり、なおかつ不得手な箇所・手をつけにくいと感じた箇所なのです。

この発想が最も有効なのは、考えることが核となるタイプのタスクです。

たとえば私の執筆というタスクは、この発想に基づいて処理しなければ永久に終わらないと言っても過言ではありません。1ページ目から書くのではなく、書きやすい箇所から書いていくのです。

このように、**攻めやすい箇所を見つけ、そこから攻める**ようにしましょう。後回しにすることを最小限にするのです。

30 「やらないことリスト」のすすめ

◆「つまる状況」が予測できるのなら

前述の通り、個々のタスク処理において「つまる」ことは、よくあります。

また、タスク処理以前に、「つまる状況」ということもあります。タスクの中のつまりそうな箇所を予測し、その箇所を後回しにするのが126ページの話でしたが、「状況」としても、「つまりやすい場面」というのがあるのです。

たとえば、頭も体も疲れている状況なら、思考系のタスクに向かい合っても、なかなか作業が進みません。これは、状況として思考を要するタスク処理自体に向かない場面なのです。

スピーディーにタスクを処理するためには、このような「つまりそうな状況」をも予測して、対策を講じなければいけません。

◆作業がはかどらない場面を思い出す

タスク処理がはかどらない場面を思い出してください。「○○のときは作業がなかなか進まないことがよくある」という状況のことです。

私の例を挙げましょう。

たとえば、昼ごはんを食べたあと、おなかに血が集まるせいか、考えるのが億劫になり、作業が遅くなります。また、午前中は頭が空っぽで思考が必要になるタスクに集中できる一方で、頭を使わない作業をしていると、別のタスクが頭をよぎり、作業に集中しにくいときがあります。さらには打ち合わせや面談で、1時間ぐらい誰かと話をしたら、そのあとは打ち合わせ（あるいは面談）で話した内容が頭に浮かび、次のタスク処理に集中しきれないことがあります。

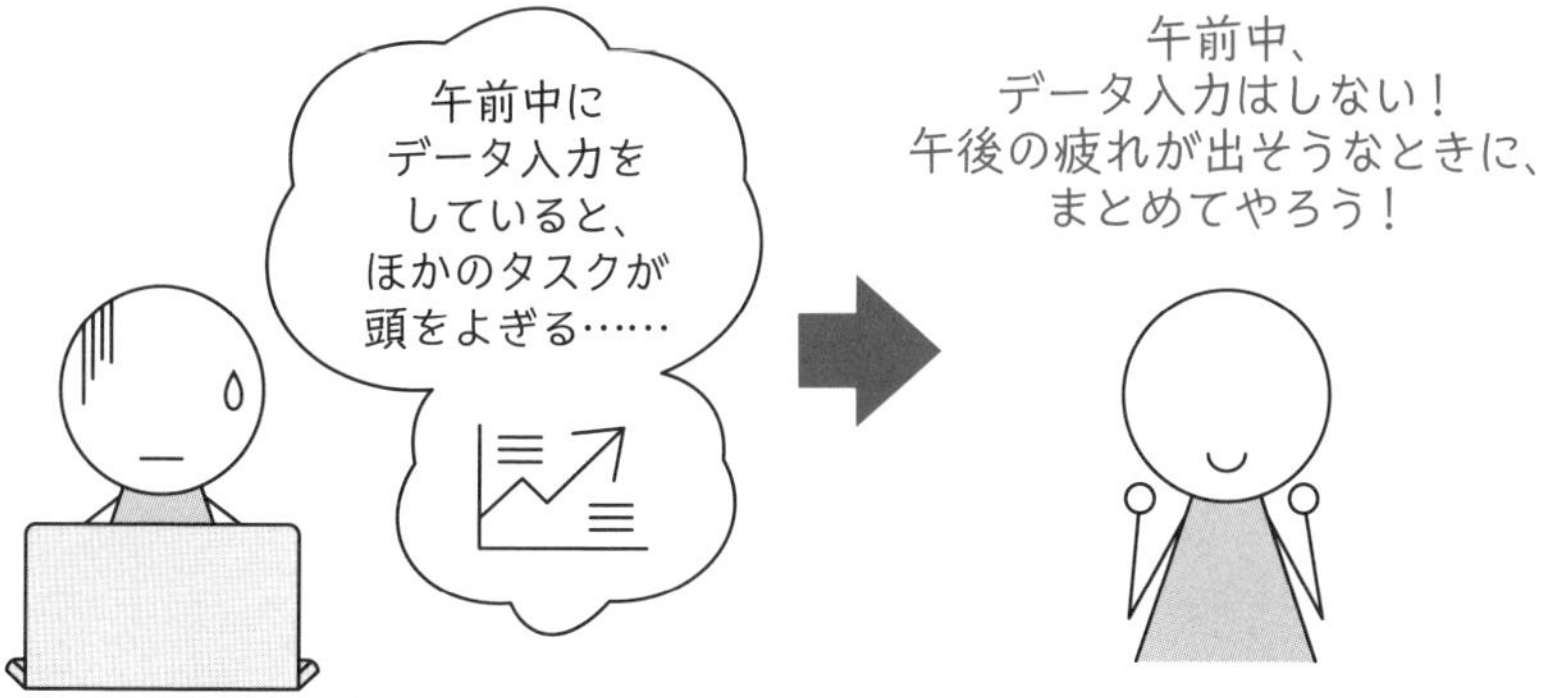
午前中に
データ入力を
していると、
ほかのタスクが
頭をよぎる……
午前中、
データ入力はしない！
午後の疲れが出そうなときに、
まとめてやろう！

「今、やらないこと」を決めるのも、タスク処理には必要

◆やらないことを決め、スピードダウンを回避

状況によってタスク処理が滞ってしまう場面があるのなら、その場面では、滞ることが予想されるタスク処理は「やらない・避ける」に越したことはありません。**自分が苦手とする状況を把握し、その状況に自ら陥らないようにする**のです。

第4章で「アクセル」と「ブレーキ」の話をしました。第4章では集中することがアクセルであり、集中を妨げるものがブレーキ。アクセルを踏み込むだけではなく、ブレーキを外すことも大切だとお伝えしました。

本章のテーマでも、同じことが言えます。一つのタスクに効率的に取り組むためにスピードアップは大切ですが、**スピードダウンになる場面を回避することも同様に大切**になるのです。

そして、スピードダウンを避けるために、状況ごとに「やらないこと」を決めるのが重要です。

◆状況ごとの「やらないことリスト」

おすすめなのは、タスク処理がつまる状況を予測し、「やらないことリスト」を用意すること。そしてその状況が訪れたら、**リスト内のことは、とことんやらないようにする**のです。

たとえば昼休みのあと、思考が鈍る傾向があるのなら、昼休みの直後には、思考がメインとなるタスクは避けるようにします。

また、午前中に思考が不要な単純作業タスクをすると、頭が冴えているせいか、余計な考えが頭をよぎるのであれば、「午前中には単純作業タスクをしない」と決めます。

打ち合わせや面談などのあとにその内容について考えてしまうのなら、打ち合わせ後は、すぐに別タスクに着手しないようにします。10分程度の休憩をはさんでから、次のタスク処理に取りかかるようにするのです。

◆「やらないことリスト」の作り方

問題なのは、状況ごとのやらないことリストをどのように作ればいいかということです。

やらないことリストを作るために、常日頃から自分自身のタスク処理のスピードに気を配ってください。**「スピードダウンしたな、集中が途切れてきたな」と思ったら、その場面がどのような場面だったか、記憶に残す**のです。

その記憶に残した場面で、また同じようにタスク処理のスピードがダウンしたのなら、それはその状況とタスクの相性が悪いと言えます。

このように「つまる状況」を覚えておき、その状況でまたスピードダウンするかどうかを基準として、「やらないことリスト」に追加しましょう。**状況とタスクの相性を考え、相性の悪い組み合わせははじめから作らないようにする**のです。

これが、スピードダウンを避けるコツです。

時間帯に応じた「やらないことリスト」

	やる	やらない
午前	資料作成	データ入力
	資料確認	打ち合わせ
		アポ入れ
午後	打ち合わせ	資料作成
	データ入力	
	資料修正	

状況に応じた「やらないことリスト」

満腹時	思考がメインのタスクは、やらない
打ち合わせ後	別のタスクにすぐ着手することは、しない

午後は人と会ったり、
単純作業に
あてて……
集中できるのは
午前中
午前中は
自分の時間を
確保しよう

自分の「仕事のクセ」をつかみ、
「やらないことリスト」を作る

Task Rule

31 タスク処理に影響する「悪習慣」を避ける

◆タスク処理の場面だけじゃない

タスク処理につまる状況を予測して、やらないことをリスト化するというお話をしました。これは「タスク処理」についてのやらないことです。その状況でやらないタスク処理を決めて、スピードダウンを回避するのでした。

ところで、スピードダウンの回避といえば、タスク処理そのものとは無縁なようで、タスク処理に影響を及ぼしてしまう「悪習慣」もあります。このような悪習慣を避けることはタスク処理のスピードに関わるため、**「やらない悪習慣リスト」も用意することが有効**なのです。

タスク処理に影響を及ぼす「悪習慣」とは、たとえば次のようなことです。あなたも思い当たる節があるのではないでしょうか。

◆スピードを阻害する悪習慣

ランチをついつい食べすぎてしまい、午後の時間に眠たくなる……。飲食店で用意されているランチは、顧客満足度を高めるためか量が多く、満腹感を得られます。

休日であればまったく構わないのですが、平日の昼休みにビジネスパーソンが満腹になっていては、午後からのタスク処理のスピードが落ちることは目に見えています。

休憩ごとのスマホでのニュースやSNSチェックも悪習慣であり、やめなければいけません。

休憩中だからといって、頭の中に余計な情報を入れていては、意識を目の前のタスクに戻すのに時間がかかってしまいます。これは第４章でふれた内容に通ずることです。

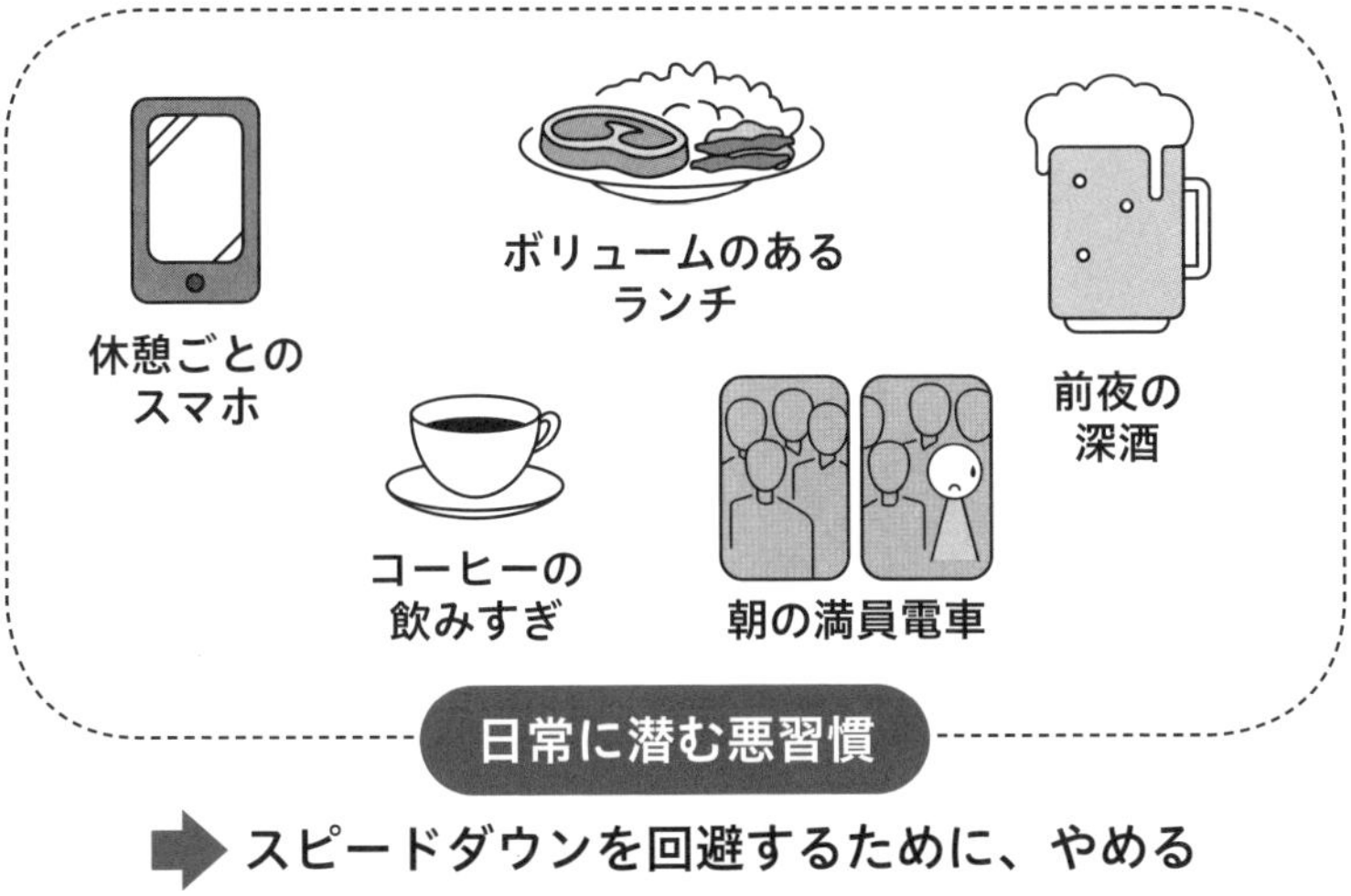
休憩ごとの
スマホ
ボリュームのある
ランチ
前夜の
深酒
コーヒーの
飲みすぎ
朝の満員電車
日常に潜む悪習慣
スピードダウンを回避するために、やめる

自分にとっての「悪習慣」を把握する

コーヒーを飲みすぎるのも、ビジネスパーソンによくある悪習慣。カフェインを過剰摂取してしまうと、頭痛や胃痛が起こるとも言われ、寝不足になり、仕事の効率が下がることもあります。

また、**夜のつきあいも悪習慣**になることがあります。同僚や先輩などと飲みに行く場面があるでしょうが、飲酒の量を間違えてしまうと、翌日のタスク処理のスピードが、驚くほど遅くなります。深酒はしないに越したことはありません。

人によっては**午前8時台の通勤も、タスク処理のスピードを落とすという意味で悪習慣になる**ことがあるでしょう。通勤ラッシュ時の満員電車に乗るだけで疲れてしまうことは珍しくありません。

このように、タスク処理そのものではないものの、タスク処理に影響を与えてしまう「悪習慣」は様々あり、挙げだしたらきりがありません。あなたの日常を振り返り、何が「悪習慣」になっているのかをピックアップしましょう。

◆徹底的に悪習慣を回避

悪習慣に陥ってしまわないためには、自分自身で「やらない悪習慣リスト」を用意しましょう。

たとえば、次のようなことです。

仕事の合間のランチでは、ライスは全部食べない（注文時に半分にしてもらう）、トンカツなどのボリュームのあるものは注文しない。

休憩時のスマホチェックは、休憩ごとにはしない。昼休みの一度だけにする。

コーヒーは、1日2杯以上飲まない。

夜のおつきあいでは、お酒を3杯以上は飲まない。ウイスキーなどの度数の高いお酒はロックやストレートではなく、必ず水かソーダで割る。

通勤時は、午前8時台ではなく、7時台の電車に乗るようにする。

このように、タスク処理のスピードが落ちる悪習慣を回避していくのです。

◆常日頃から「原因」を考える

「やらない悪習慣リスト」を用意し、日々のタスク処理のスピードダウンを避けるためには、何が「悪習慣」なのかを明らかにしなければいけません。

ここで必要になるのは、日々の**「自分自身の観察」**です。自分自身を正しく知ることが、スピーディーにタスクを処理するために必要なのです。

自分自身を正しく知るために、タスク処理のスピードがダウンしてしまった場合には、その原因を考えるクセをつけましょう。単純に疲れているだけなのか、それともほかに原因があるのかを考えるのです。

疲れているだけであれば休息が有効ですが、ほかの原因であれば、一時的な休憩では効果はありません。もっと根本から、原因を叩くことが必要になるのです。

「やらない悪習慣リスト」を作り、自分をコントロールする

自分を知ることが効率的なタスク処理につながる

Task Rule

32 タスク処理以外の時間をなくす

◆猛スピードで過ぎ去る時間

いくつものタスクに追われていると、時間が猛スピードで過ぎ去ります。今日の仕事に着手したと思ったら、もう昼休み……、こんなことはよくあるでしょう。

ここで、考えてほしいことがあります。猛スピードで過ぎ去った時間ですが、そのうちのどのくらいの時間が「タスク処理そのもの」にあてた時間なのでしょうか。タスクに関することで時間が経ったと思っていても、考えてみると、タスク処理そのものではなく、「タスク処理以外」に時間が費やされていることは、よくあるのです。

タスク処理以外で時間が経ってしまう原因は、単純にさぼってしまい、意識がほかに向かうこと、これがまず挙げられます。

◆タスク処理以外で時間が過ぎ去る

タスク処理が進まずに時間が経つ原因は、疲労やサボりだけではありません。

あなたも思い当たることがあるのではないでしょうか。**タスクについて「思いを巡らせているだけの時間」がある**のです。この時間には、本当に注意が必要です。

たとえば次のようなことを考えて、どんどん時間が過ぎることがあります。どの順番でタスクをこなしたら効率的に処理することができるか、今取り組むべきタスクはどちらなのか、今日ここまで終わったら、明日はどの作業が必要なのか——。

このようなことを考えて、実際にタスク処理に時間が費やされずに、時間が思った以上に過ぎ去るのです。

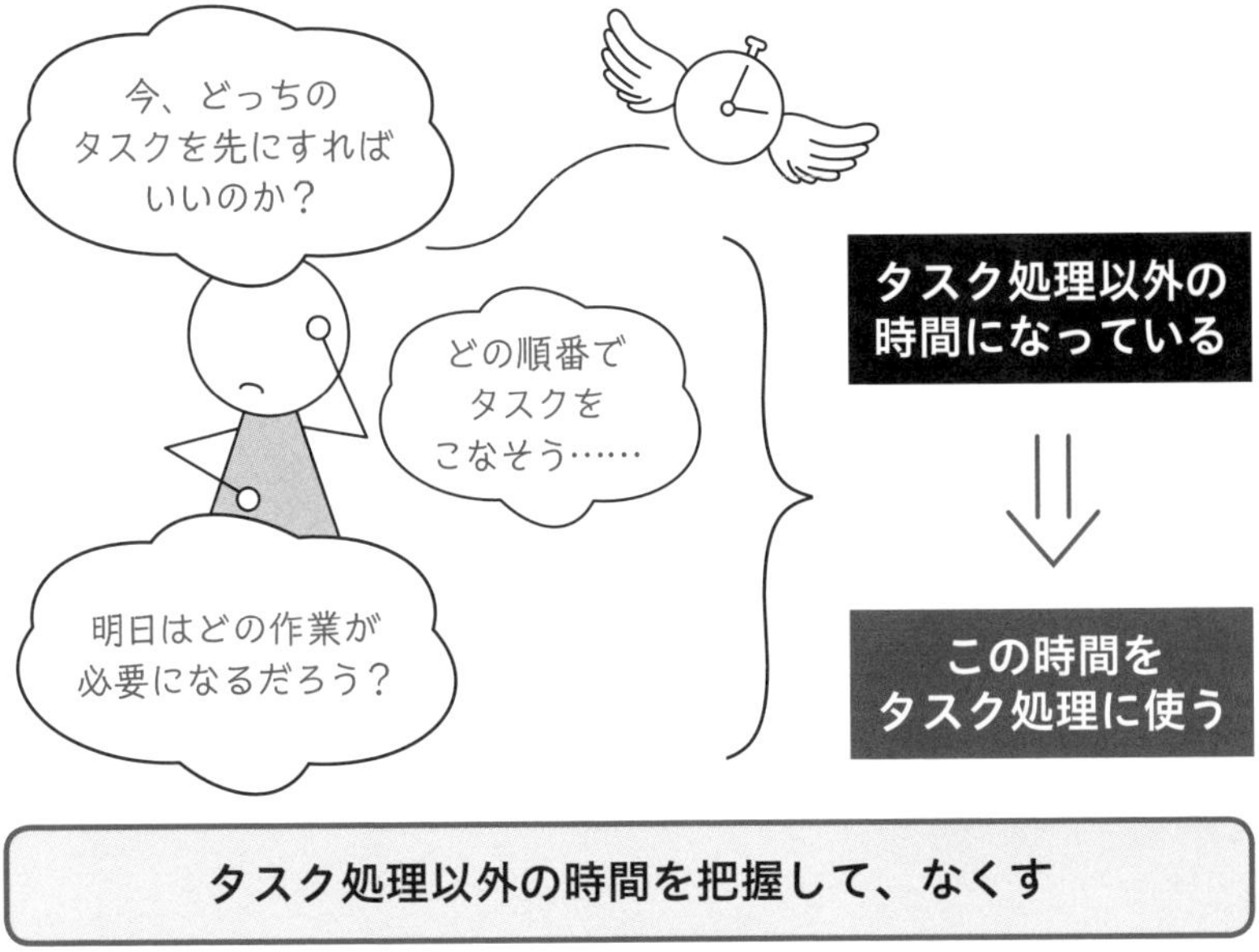
今、どっちの
タスクを先にすれば
いいのか？
どの順番で
タスクを
こなそう……
明日はどの作業が
必要になるだろう？
タスク処理以外の
時間になっている
この時間を
タスク処理に使う
タスク処理以外の時間を把握して、なくす

◆「タスク処理以外」の時間を減らす

言わずもがな、大切なのは実際に手や頭を働かせる「タスク処理」の時間を増やすことです。タスク処理に時間を費やしているようで、**タスクについて考えてばかりいる時間は、減らす**ことが大切なのです。

タスク処理以外の時間を減らすためには、**現在の状況を正しく把握する**ことから始めてください。今、どれほどの時間が、タスク処理をしているようで、「タスク処理以外に費やされている時間」になっているのか、計測してみるのです。

この計測は簡単に行いましょう。これもまたタスクのためのタスクであり、あまり時間をかけるのはよくありません。今日明日の2日間で、目の前にタスクがあるにもかかわらず、無駄に過ぎ去った時間を、大まかに集計します。そして、この時間をなくすのです。

◆タスク処理以外の時間をなくすためのルール

タスク処理以外のことで時間を使ってしまったら、「ルール」に従って、無理やりにでもタスク処理に戻りましょう。

たとえば、「5分」と時間を決めます。5分、目の前のタスクについて、そのタスクに取り組むべきかどうか、より効率的な進め方がないものかどうか、タスクを目の前にして考えて答えが出なかったら、「とりあえず作業に戻る」のです。

とりあえず作業に戻る際は、タスク処理に移るための「行動」を決め、その行動に従いましょう。

タスク処理に移る行動のうち、簡単なのは**「視線の動き」を決めてしまうこと**です。

たとえば、オフィスにある観葉植物に視線を合わせ、デスクに置いてあるボールペンを凝視してから、タスクに関するデータをパソコンで開いて、データ内容を一読することから始める、と決めるのです。

◆「迷っている時間」が無駄

タスクを前にして、タスクに関することで考えているばかりの時間は、ほとんど無駄と言っても過言ではありません。考えているだけではタスク処理は進まないのは当然であり、さらには、タスク処理を進めている中でアイデアが浮かび、迷いなどが解消することは、よくあることです。

考えるのは置いておいて、**「とにかく進める」という姿勢でタスク処理に取り組むことが有効**なのです。

ところで、タスクに取り組む順番や、タスク処理の進め方などは、いつも同じ要領で、まとめて決めるべきです。34、46ページで解説したように朝の時間にまとめて決めてしまい、昼休みのあとや午後4時頃に改めて検討することを習慣にします。それらの時間以外は、黙々とタスク処理にだけ精を出すことを心がければ、無駄な時間は減り、タスク処理はスピードアップします。

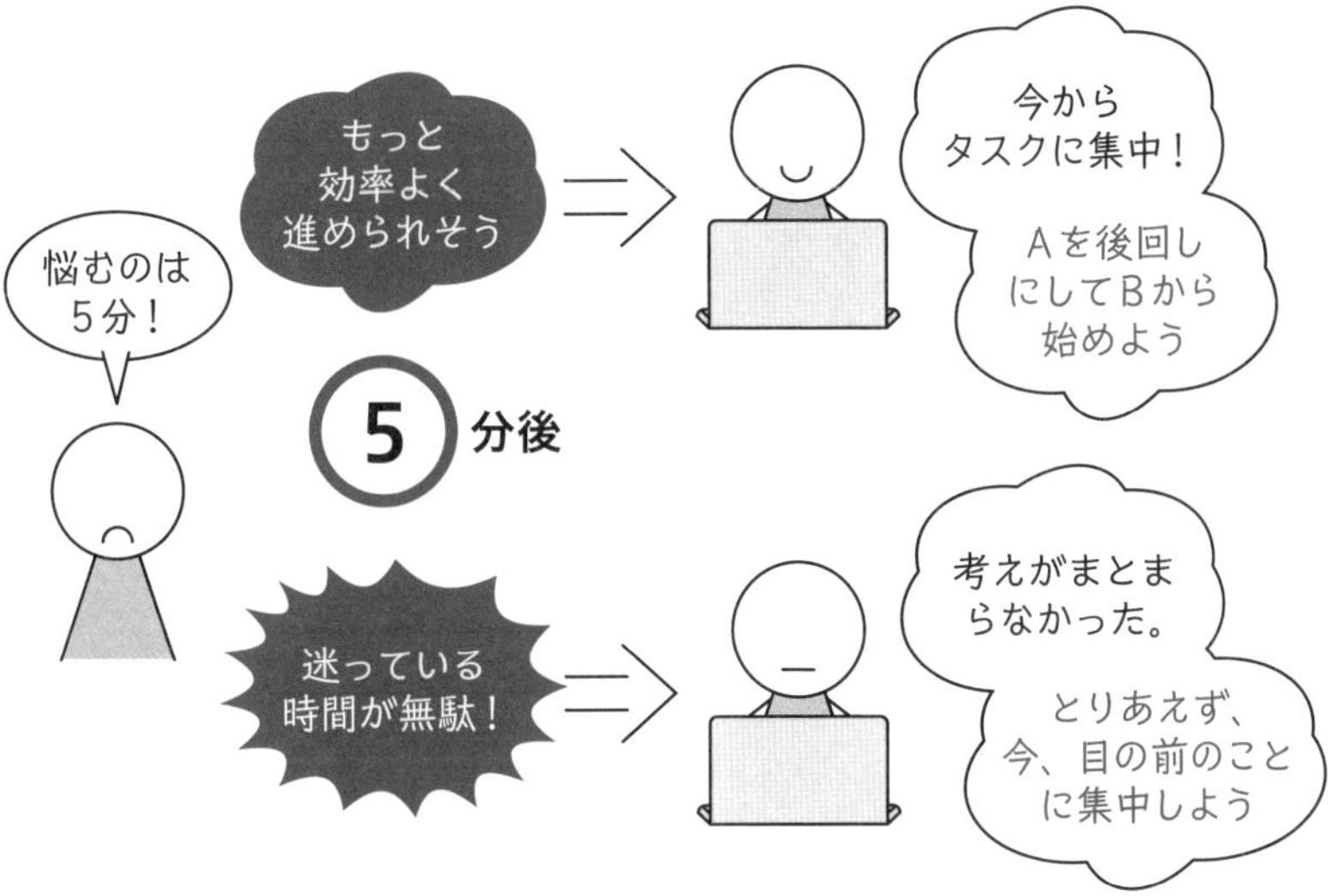

タスクに取り組む順番や進め方は、
毎日同じ時間に決める、見直す

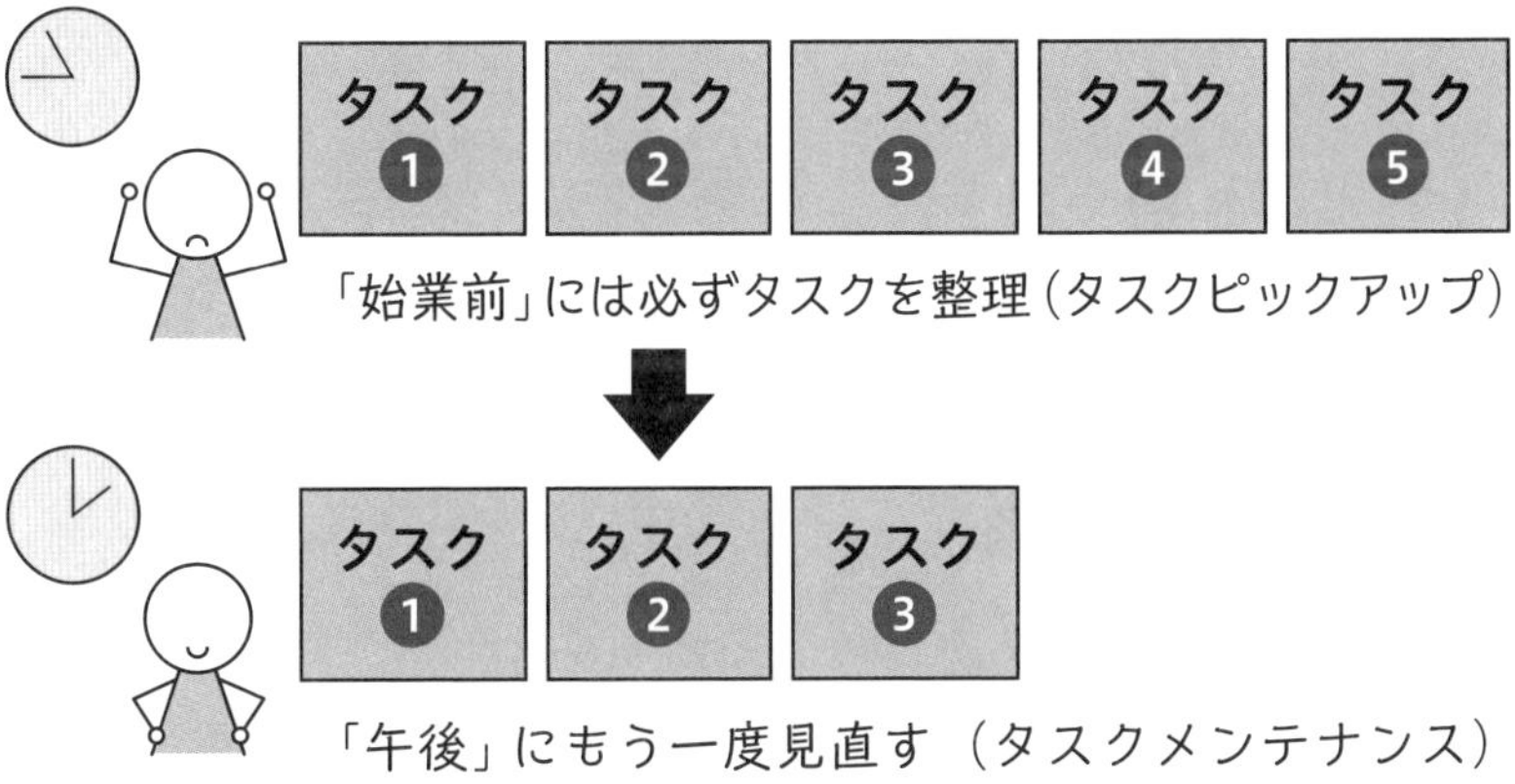

「考え事」は時間を決める。結論が出ないときは、
直前の作業に戻り、とにかく進める

Task Rule

33 「間《ま》」をなくす

◆「無駄な時間」をなくす

限られた時間で、複数のタスクを処理したいのならば、「無駄な時間をなくすこと」を意識しなければいけません。やるべきことがたくさんある忙しい毎日であっても、1日のうちの結構な時間が「無駄な時間」として消えているのです。

無駄な時間をなくすことが大切――。これは当然であり、多くの自己啓発書やセミナーなどでもしばしば言及されています。

知りたいのは、どういう場面で時間が「無駄」になるのか、そしてどうすれば「無駄な時間」をなくせるのか、この2点です。

そもそも時間が「無駄」になる典型的な場面といえば、タスクをこなし、次のタスク処理にうつる場面が挙げられます。

◆時間が「無駄な時間」になるとき

たとえば書類作成が終わったあとに、すぐに次のタスク処理に移ればいいのに、なかなかそうならない。余計なことを考えたり、スマホでニュースを見たりして、時間が過ぎ去る。これは、あなただけではないのです。

このようなことから、「タスクとタスクの間」に注目し、時間が無駄にならない工夫が必要です。タスクとタスクの間に時間を奪われてはいけません。もっとわかりやすく言えば、**今のタスクが終わったら、次のタスク処理に、「スムーズに移行するための工夫」が重要になる**のです。

その工夫を紹介する前に、「タスクの移行」で、なぜ無駄な時間が生じるのかをもう少し詳しく検討しましょう。ここは、大切なところです。

資料作成
間
新 刊
図表作成
間を減らすことが重要
アポ取り
間
メール送信
@
間

タスクとタスクの間も、時間の無駄になっている

◆タスクとタスクの「間」に注意

次のタスクに移行する際に無駄な時間が生じるのは、「間があるから」です。今のタスクから次のタスクに移るまでの「間」が隙となり、余計な考えが頭をよぎり、さらには余計な行動で時間を使ったりすることにつながるのです。

また、次のタスクに着手するまでに「間」があることで、集中が途切れ、再び集中状態になるまでに時間を要してしまいます。このような、タスク処理に取り組んでいるけれども集中できていない時間も、「無駄になっている」と言えます。

限られた時間の中で複数のタスクを効率的に処理するためには、「間」の存在への対策が必要です。「間」を完全になくすことはできませんが、**工夫によって「間」を少なくして、集中状態のまま、次のタスクに移行できるようにする**ことが有効なのです。

◆「間」をなくす工夫

今のタスクから次のタスクに移る「間」を小さくするためには、今のタスクが終わったあとにとる**「次のタスクのための思考・行動」をあらかじめ決めておけばいい**のです。その思考・行動を「機械的に」実行に移せば、隙が生まれることはなく、「間」が小さくなります。

次のタスクのための思考として、**目の前のタスクが終わったら、すぐに「次のタスクは○○」と意識する**ことから始めてください。コツは、今のタスクが終わった「途端に」意識すること。

これは、休憩をはさむ場合でも同じです。目の前のタスクが終わって一息つく場合でも、今のタスクが終わったらすぐに「次のタスク」を反射的に思い出してみるのです。休憩前に、次のタスクに少しだけ取り組んでから休憩に入るのが効果的であるのは、71ページで述べた通りです。

◆次のタスクを「決まった位置」に用意

次のタスクは、頭の中で意識するだけでは足りません。意識するだけではなく、行動として、**物理的に次のタスクに接触することが大切**です。

今のタスクが終わったら、私は次のタスクの資料をすぐに引っ張り出すことにしています。キャビネットの中に積んである次のタスクの資料をすぐに手に取るのです。

今のタスク処理の勢いのまま次のタスクに接触することで、次のタスクに移ることが億劫でなくなる点も、大きなメリットです。

この「次のタスクに接触する」を容易にするために、**タスクに関する資料を決まった位置に置いておく**ことが大切だと言えます。なぜなら、今のタスクが終わったら、「いつもの場所」で次のタスクにふれることができれば、その行動を習慣にできるためです。

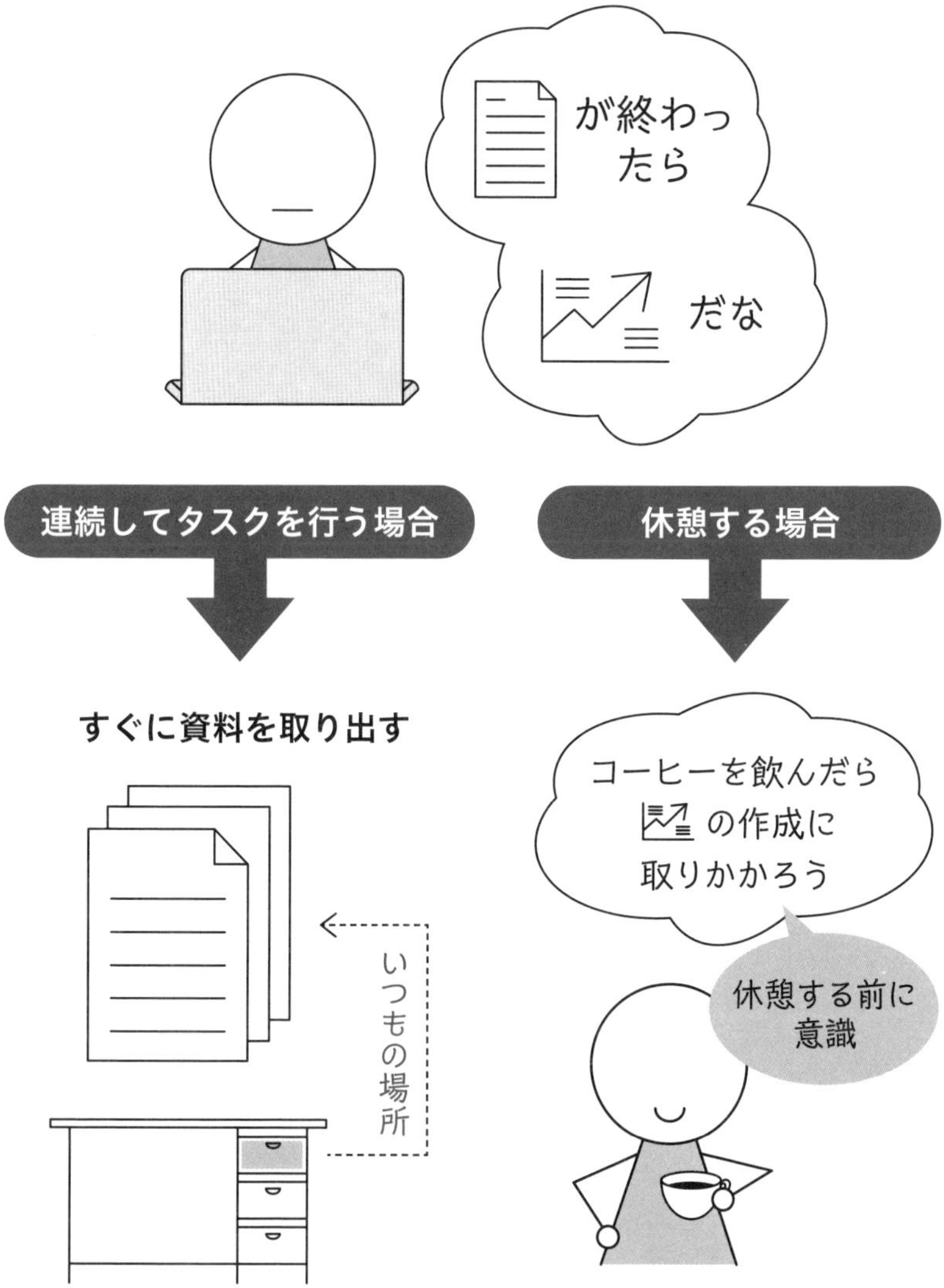

タスクを続けるときも、休憩するときも、
「意識」を切らさない

column 5

タスク処理にルールを

第５章では、タスク処理をスピードアップさせる方法をご紹介しました。今日の出口を決めることや「間」が隙となって、時間が無駄に過ぎてしまうことなど、思い当たる節があるのではないでしょうか。

ここでお伝えしたいのは、「何も意識せずに行き当たりばったりにタスク処理を進めることは、とにかく非効率」ということです。

毎日のタスク処理の中で、どのような場面において、どのような行動を取るべきかを、ルールとして、あらかじめ決めておくことが非常に大切なのです。

「行き当たりばったりのタスク処理ではいけない、ルールが必要」というのは、何も第５章の話だけではありません。すべての章において言えることです。

これまで様々なタスク処理の仕方をご紹介しましたが、これらはすべて私が自然に行っていること。そうです、私がタスク処理のルールにしていることなのです。

これらのルールすべてをあなたのタスク処理に使うことは、難しいかもしれません。なぜなら、あなたと私は、抱えているタスクの種類が異なるからです。

しかし、28ページでもふれたように、まずは真似できるものは真似をしていただきたい。さらには、カスタマイズできるものはカスタマイズして、あなたの日々のタスク処理に取り入れてほしい、そう思っています。

図解《ずかい》でわかる

一点集中《いってんしゅうちゅう》のすごいコツ

最強《さいきょう》の時短仕事術《じたんしごとじゅつ》

2020年4月30日　初版発行

著　者　碓井孝介《うすいこうすけ》

発行人　小林圭太

発行所　株式会社 CCCメディアハウス
〒141-8205
東京都品川区上大崎3丁目1番1号
電話　販売 03-5436-5721
　　　編集 03-5436-5735
http://books.cccmh.co.jp

印刷・製本　株式会社新藤慶昌堂

ISBN 978-4-484-20213-6